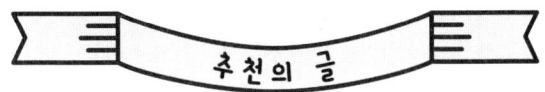

그리스도인이자 푸드스타일리스트로서 음식을 만들고, 또 예쁘게 장식하고, 함께 나누는 모든 순간을 감사히 여긴다. 그러면서 이 밥을 먹는 사람들이 늘 안녕하길 빈다. 이렇게 우리의 안녕 가운데 밥상이 있다. 하나님이 왜 우리에게 음식을 주셨고, 그렇다면 우리는 어떤 자세로 음식을 대해야 하는지, 인식하고는 있었지만 마음에서 받아들이지 못했던 음식에 대한 건강한 관점을 되새기게 해준 책이다. 앞으로 성경에서 건져낸 일곱 가지 매뉴얼을 잘 기억하고 적용하면서, 이 일을 하는 가운데 내가 받은 것들을 더 나누며 살아가야겠다는 마음을 먹는다. 서로를 위해, 지금 할 수 있는 만큼, 정성스레 차리는 밥상이 모두에게 따뜻한 위로가 되기를 기도한다.

―메이, 푸드스타일리스트

우리가 살고 있는 시대적 모순은 음식을 통하여 잘 드러난다. 음식나눔이 부족하여 "굶주리는" 현실. 그와는 반대로 허상을 따르는 다이어트와 건강식품에 대한 과도한 구매욕을 불러일으키는 건강소비시대를 살아가는 우리의 자아상. 낮은 가격에 칼로리 과잉과 건강하지 못한 먹을거리로 인해 영양이 결핍된 삶을 살아가는 "남용과 착취"의 음식세상은 확실히 모순거리다.

이 책은 우리가 하나님의 뜻과 원리에 따라 생명의 밥상을 회복하는 방법을 알려준다는 점에서 바르고 좋은 책이다. 먹방의 시대를 살아가는 현대 신앙인들에게 모순투성이인 음식전쟁에서 승리하는 병법을 제시한다. 먼저 알아야 할 것은 "하나님이 우리에게 음식을 주시는 분"이라는 선전포고임을 명심하라.

―성기문, 구약학자, 『키워드로 읽는 레위기』 저자

처음부터 끝까지 '음식'이야기를 하는 신앙서적이라니! 미국 이야기지만 먹방, 쿡방, 혼밥 등 각종 음식 이야기가 넘실대는 우리 사회에도 해당되는 보편적 이야기를 싱싱하게 포착했다. "하나님은 애초부터 모두가 잘 먹도록 설계하셨다"는 저자는 '먹는 존재'로서 우리가 생각할 수 있는 모든 이야기를 가득 담았다. 몸, 환경, 공동체, 창조성 등 음식에 관해 우리가 생각해야 마땅하지만 미처 그러지 못 했던 일곱 가지 이야기를 따라가다 보면 그동안 우리가 얼마나 '편식'을 하며 살았는지 깨닫게 될 것이다.

이 책에는 각 장별로 새로운 이야기들이 제철 재료로 정성껏 지은 음식처럼 풍성하게 차려져있다. 게다가 하나의 장이 끝날 때마다 함께 나눌 식사 기도와 토론 과제도 디저트처럼 담겨있으니 금상첨화다. 우리는 더 즐겁고, 공평하고, 정의롭게 잘 먹도록 설계되었다. 그러니 이 책을 먹으라!

—오수경, 청어람ARMC 편집장

밥상정복

성경에서 찾은 일곱 가지 행복 식사 매뉴얼

Eat with Joy
Originally published by InterVarsity Press as *Eat with Joy* by Rachel Marie Stone.
© 2013 by Rachel Marie Stone.
This Korean edition is translated and printed by permission of InterVarsity Press
P.O. Box 1400, Downers Grove, IL 60515, USA.
www.ivpress.com

이 한국어판의 저작권은 InterVarsity Press와 독점 계약한 협동조합 아바서원에 있습니다.
신저작권법에 의하여 한국 내에서 보호받는 저작물이므로 무단 전재 및 복제를 금합니다.

성경에서 찾은 일곱 가지 행복 식사 매뉴얼

밥상정복

레이첼 마리 스톤 | 홍병룡 옮김

아바서원

크나큰 사랑으로 좋은 음식과 좋은 책을 먹여주신 부모님,
삶에 대한 굶주림과 갈증으로
내 마음과 영혼과 지성을 풍요롭게 하는
아이들과 남편 팀에게 이 책을 드립니다.

차림표

머리말. 먹는다는 것, 참으로 골치 아픈 문제   11

1장. 즐거운 밥상—우리와 음식의 관계를 하나님의 뜻에 비춰보다   27
식사기도 | 실천하기 | 토론하기 | 행복 레시피 1 차돌박이 샐러드와 우엉영양밥

2장. 나눔과 섬김의 밥상—어려운 사람을 대접하며 이웃을 사랑하며   55
식사기도 | 실천하기 | 토론하기 | 행복 레시피 2 기름떡볶이&쌈밥

3장. 함께하는 밥상—밥상은 어떻게 우리를 한 자리로 모아주는가   87
식사기도 | 실천하기 | 토론하기 | 행복 레시피 3 로스트치킨과 무화과 샐러드

4장. 회복이 있는 밥상—다함께 먹으면 치유될 수 있다   113
식사기도 | 실천하기 | 토론하기 | 행복 레시피 4 그릴베지와 토마토홍합찜

5장. 지속 가능한 밥상—청지기의 지혜로운 선택 137

식사기도 | 실천하기 | 토론하기 | 행복 레시피 5 달래 된장찌개와 가지나물&무나물

6장. 창조적인 밥상—음식 준비는 문화를 만드는 행위다 169

식사기도 | 실천하기 | 토론하기 | 행복 레시피 6 봉골레와 그릴드페퍼

7장. 구속적인 밥상—식생활과 하나님 나라: 한 걸음부터 199

식사기도 | 토론하기 | 행복 레시피 7 쫄면과 콩나물냉국

함께 읽을 만한 책 225
감사의 글 227
주 231

머리말

먹는다는 것, 참으로 골치 아픈 문제

건강검진을 받으러 병원에 다녀온 후 나는 수백 명의 도시 아이들을 대상으로 하는 캠프로 출발했다. 오, 드디어 캠프에서 자원봉사를 할 만큼 나이를 먹었단 말인가. 아이들과 예수님을 사랑하는 마음으로, 7-8월 내내 하루 12시간 동안 큰 케첩 깡통을 따서 빨간 튜브에 나눠 담고, 아이들에게 나눠 줄 젤리를 어마어마하게 많이 챙겨 놓고, 수백 개의 컵에 우유 200밀리리터를 정확히 담을 수 있게 되었단 말이다. 정말 감개무량했다.

내가 열다섯 살이 됐을 때 나뭇가지처럼 말랐던 내 몸은 곡선미를 드러내며 "여성스러운" 모습으로 급변하기 시작했다. 처음으로 저울이 45킬로그램 이상을 가리켰다. 아이 티를 벗었다는 생각에 자랑스러웠다. 문득 캠프에 봉사자로 참여해 장시간 설거지를 하며 친구들과 우정을 쌓는 내 모습이 머릿속에 떠올랐다. 우리가 예수님의 이름으로 수많은 아이들을 환영하면 그들은 예전과 달리 삼시세끼를 먹는 복을 누리게 되겠지.

하지만 그해 여름은 정말로 힘겨웠다.

서평을 즐기고 건강식과 영양제를 사랑하는 남자 아이를 만나게 됐다. 그는 내 절친의 꿀렁꿀렁한 몸매가 식습관 때문이라 비난했고, 심지어 수영장에서 몰래 친구의 사진을 찍었다. 또 캠프 음식에 살아 있는 효소가 부족하다고 불평했다. 바닐라로 덮인 초콜릿 컵케이크 두 개를 단숨에 해치운 나를 바라보는 그의 충격과 경악에 찬 눈빛은 나에게 깊은 죄책감을 남겼다. 내가 사귄 한 남자 친구는 자기가 마시는 유기농 과일 주스를 나눠주고, 버거킹 치킨 샌드위치를 향한 나의 사랑을 한심하게 생각하더니 저 멀리 브루클린에 있는 자기 가족들이 운영하는 식품 생활협동조합에 대해 말해주었다(나에게는 딴 나라 이야기처럼 들렸지만 말이다). 나는 너무 늦게까지 집에 들어오지 않으면 혼났고("목사 딸이 그러면 되겠니!"), 성희롱 사건을 목격하고 알렸을 때도 혼났고, 아프리카계 미국인 남자 친구를 만나고 다닌다고 혼났다.

언젠가부터 내 배는 점점 무거워졌다. 마치 모든 염려가 맹장 쪽에 있는 혹으로 몰리는 것 같았고, 그 혹은 날마다, 특히 식사를 거듭할수록 더 커지는 듯했다. 불어난 내 몸뚱이가, 아니 나 자신이 형편없다고 느껴졌다. 남자 친구를 사귀는 것은 시기상조였으며(당시는 "노 데이팅"하던 시대였으니까), 내 식생활도 완전히 잘못됐다는 생각이 들었다. 그리고 이 모든 것이 서로 관련 있는 것 같았다. 결국 나는 나의 몸무게를 더 이상 자랑스럽게 생각할 수 없게 됐고, 이전의 체중으로 되돌아가야겠다는 절박감을 느끼기에 이르렀다. 어쩌다 내 인생이 이렇게 꼬였을꼬.

그로부터 십 년 동안 매일, 나는 무질서한 식습관 문제를 붙들고 씨름했다. 내 이야기는 대다수의 사람들이 안고 있는 식습관 장애보다 아주 약간 더 극적이지만 드라마에 나올 정도는 아니다. '원하는 것은 모두 가질 수 있고, 모두 먹을 수 있고, 몸을 최대한 적게 움직이면서도 날씬해보이는 동시에 **건강해** 보이길 바라는' 마음은 우리 모두가 지닌 심리다. 잡지와 TV 프로그램과 영화에서 미셸 파이퍼나 카메론 디아즈 같은 미녀들을 데려다 놓고는 "이 사람들은 실존 인물이야. 이들처럼 되어야 한다고!"라며 던지는 메시지를 꼭 내게 하는 말인 양 아무 비판 없이 받아들였다. 거울 속의 나는 평발에, 발목은 통통하고, 무릎 뼈도 우락부락하고, 어깨는 딱 벌어졌고, 눈 밑은 시커멓고, 머리는 곱슬이었고 눈빛은 우울했다. 내 외모는 괜찮은 구석이 하나도 없어 보였다. 그러나 마음만 먹으면 무엇이든 될 수 있다지 않는가. "얼마든지 부자가 될 수 있고 날씬해질 수도 있다"는 광고처럼 말이다. 그래서 나는 광고가 지시하는 대로 체중 감량에 좋다는 크롬 보충제, 운동장비, 에어로빅 비디오, 발목에 차는 모래주머니 등을 모두 갖춰 내 몸매를 바꿔 보려고 했다.

그런데 이 씨름에서 최악의 문제는 바로 내 마음 속에 있었다.

몸매에 집착하는 내 자신이 정말 싫었다. 내 몸도 미웠다. 늘 배가 고팠고 먹고자 하는 갈망이 불일 듯 일었다. 그동안 마조 볼 (유월절 무교병을 갈아 양념하고 반죽해 만든 빵—옮긴이) 수프나 매콤한 시금치 새우 커리같이 풍미 있고 식감 좋은 음식을 즐겨 만들어 먹었지만, 이제는 먹기가 두려워졌다. 나는 하나님에게 받은 은사를 활용하고 좋은 책도 많이 읽고 또 언젠가는 쓰기도 하면서 세상에 선한 영향력을 미치고 싶었지만, 나 자신과 바지 사이즈에 대한 생각을 끊지 못했다. 교회에서도 뾰족한 수를 주지 못하는 것 같았다. 음식과 몸과 다이어트에 대해 그리스도인과 비그리스도인이 취하는 태도에는 거의 차이가 없었다. "당신의 몸매를 완벽하게 가꿔야 한다"는 광고에 제대로 반박하는 신학도 나타나지 않았다. 일반 문화가 다이어트 컨설팅 그룹을 만드는 동안 교회는 날씬해지는 비결을 담은 책과 다이어트 전략을 내놓음으로써 외모를 중시하는 "세상적인" 흐름에 영합하는 모습을 보였다.

린 거버는 체중 감소와 성적 지향을 다룬 책(Seeking the Straight and Narrow)에서 마음과 생각을 변화시켜 몸매를 바꾸는 일에 매진하는 두 복음주의 조직에 대해 연구했다. 하나는 대형 교회 중심의 체중 감소 프로그램이고, 다른 하나는 동성애자가 이성애자가 되도록 돕는 프로그램이다. 거버는 복음주의 기독교 밖의 사람들은 동성애 개조에 대해서는 논쟁적인데 체중 감소 프로젝트에 대해선 교파와 상관없이 의견이 일치하며, 심지어 "하나님이 뚱뚱한 사람도 사랑하신다는 선언에도 건강에 대한 경고가 따라온다"고 말한다.[1] 『크리스천 다이어트』(Free to be thin, 미션월드라이브러리)의 저자 네바 코일은 체중이 다시 늘어난 뒤에 예전의 추종자들에게 날선 비판을 받았지만, 스스로를 "더 크게 사랑받는" 존재라 여기고 있었다. 이 책은 물론 체중 감소와 거룩함이 상호 도움이 된다고 약속하는 책들에 비해 별로 팔리지 않았다. 뚱뚱한 모습을 긍정적으로 생각하는 사람은 드물다. 성적 지향의 개조는 뜨거운 논란거리인데 비해 몸매 개조는 무비판적으로 널리 받아들여지고 있는 것이다. 체중 감소는 이루기 힘든 목표이고 또 오래 지속되기 어려움을 보여주는 증거가 많은 데도 말이다.[2] 많은 사람은 음식만 조절하면 지금보다 훨씬 멋진 몸매를 유지할 수 있다고 믿는다.

북아메리카 사람들은 역사적으로나 전 지구적으로나 소득 대비 식료품비가 가장 낮은 편이다. 오늘날의 산업형 농업이 식료품을 값싸게 대량으로 공급하기 때문이다. 이것은 하나의 기적에 가깝다. 기나긴 인류의 음식 역사에 비춰보면 오늘날의 가장 평범한 식사도 하나의 경이로운 사건이다. 그러나 상추와 토마토를 곁들인 치즈버거 세트처럼, 만원 꼴도 안 되는 평범한 음식이 다른 문제를 야기했다. 토양 고갈로 인해 화학비료가 지나치게 많이 사용됐고, 화학 물질 배출로 인해 "죽음의 지대"(dead zone)도 생겨났고, 화석연료에 과도하게 의존하게 됐으며, 가축은 학대당하고 노동자는 착취당했다. 뿐만 아니라, 어디선가 누군가에게 전해져야 할 식재료가 값싼 음식을 만드는 데 과잉 공급됐고, 이로써 자녀의 기대수명이 부모보다 짧아지는 현상이 최초로 발생했다. 저질 음식을 너무 많이 섭취한 결과다.

미국인들은 정부가 매년 푸드 스탬프 프로그램(소외계층의 사람들에게 균형 잡힌 영양섭취를 지원하는 제도—옮긴이)에 투입하는 자금과 거의 같은 금액을 체중 감소 제품과 프로그램에 쓰고 있다. 세계적으로 먹을 것이 너무 많아 고통받는 사람들의 수는 먹을 것이 없어 고통받는 이들의 수와 비슷하다. 비만에 걸린 사람만큼 영양실조에 걸린 이들이 많다는 말이다. 학교는 아이들에게 더 나은 점심을 제공하려고 엄청나게 애쓰는데, 법무부는 단 한 번의 행사용 머핀 구입에 푸드 스탬프 프로그램에서 제공하는 4인 가족의 **6개월 치** 식비보다 더 많이 썼다고 보고한다.

미국의 영부인 미셸 오바마는 어린이 비만에 대한 "전쟁"을 개시했고, 인터넷 뉴스에서는 네 살짜리 어린이가 거식증 진단을 받았다고 앞다퉈 경고한다. 친구들을 만나면, 공익 광고가 건강하게 먹어야 한다고 도덕 명령처럼 얘기해 버려서 어린 딸들이 생일 케이크 먹기를 두려워한다는 소리를 듣는다. 연예인들은 몸을 불어나게 하는 글루텐(따라서 대다수의 곡물)을 먹지 않겠다고 맹세하지만, 잉여 곡물은 굶주린 소말리아인 수백 만 명의 죽음을 막는 유일한 수단이다. 국내산이나 유기농 식품이 아니면 멸시하는 사람도 많지만, 그보다 더 많은 사람들에게는 푸드뱅크에서 온 것이나 파치도 감지덕지다. 너무 바쁘거나 너무 나이가 많거나 어려서 자기가 먹는 음식에 대해 깊이 생각하지 않는 사람들도 부지기수다.

오늘날은 먹는 음식, 먹는 방식, 함께하는 사람의 선택이 우리 자신의 건강과 체중과 허리둘레를 넘어 폭넓은 영향을 미친다는 사실이 점점 확산되고 있다. 블로그와 뉴스 매체들은 우리의 설탕과 초콜릿, 심지어 **상추**까지도 때로는 노예 같은 사람들—문자 그대로 노예든 부당한 저임금을 받는 이들이든—의 노동을 통해 우리에게 온다는 것을 거듭 알려준다. 그것이 "건강" 식품인지 여부와 상관이 없다. 축산업의 부끄러운 현장을 고발하는 몰래 카메라나 보도가 거의 매주 우리의 눈길을 끌고, 동시에 지극히 자기중심적인 다이어트 개념이 널리 퍼지고 있다. 뉴욕 시의 "코치" 한 사람은 각 사람의 몸에 "맞는" 음식과 "맞지 않는" 음식을 발견할 목적으로 철저한 자기점검표를 만드는 등 대중적인 체중 감소 전략을 선전하고 있다. 고객은 자기가 무슨 음식을 먹었으며, 먹고 나면 어떤 느낌이 드는지 빠짐없이 적어야 한다.[3] 그 코치의 신봉자들이 저녁 파티를 계획하는 모습은, 정말 상상도하기 싫다.

이런 기가 막힌 현상에도 불구하고, 갈수록 더 많은 사람의 입에 오르내리는 움직임이 있다. 거의 모든 혁명이 그렇듯 이 운동은 평범한 사람들과 함께 시작하고 있다. 좋은 음식을 사랑하고 지구의 건강—그리고 사람과 동물의 건강—을 염려하는 사람들은 올바로 조달된 식품을 먹는 즐거움을 재발견하고 있고 다른 이들도 그것을 즐기도록 돕고 있다. 텃밭 생활이나 통조림 만들기 같은 전통적 행습을 재발견하는 중이다. 제이미 올리버 등 유명 요리사들은 자신의 유명세를 이용해 어린이들에게 음식과 경작, 요리를 알려주었다.[4] 마이클 폴란을 포함한 작가들도 더 나은 식생활, 지구와 인류를 치유하는 방법, 건강을 유지하면서도 즐겁게 먹는 방식 등을 발견한 그들 나름의 이야기를 감동적으로 들려주었다.[5]

여러 측면에서 봤을 때 이 운동은 결코 새롭지 않다. 산업형 식품 생산이 생태계에 미치는 영향은 환경 운동의 초창기부터 인식되고 있었던 문제다. 개인적 소비가 지구 저편의 타인에게 영향을 줄 수 있다는 생각은 그보다 더 오래 됐다. 제1차 세계대전 때는 포스터를 통해 미국 주부들로 하여금 스스로 식량을 재배하고 통조림을 만들어 전쟁 가운데 그들의 몫을 다하도록 촉구했다. 제2차 세계대전 동안에도 국민의 단결심을 북돋울 목적으로 마당의 채소밭과 검소한 식량배급에 적응하는 훈련을 실시했다. 1970년대에는 프란시스 무어 라페의 "작은 행성을 위한 식단"(Diet for a Small Planet)과 메노나이트 중앙 위원회의 "더 적은 것으로 더 많이 요리하는 방법"(More-with-Less Cookbook)이 노골적으로 북아메리카의 과잉소비와 타 지역의 식량난을 연결했다. 이들의 레시피와 제안사항은 실질적인 변화만큼 철학적인(두 번째 책의 경우는 신학적인) 변화를 그 목표로 삼았다.[6]

미국은 이민자들의 국가이자 영국 식민지였던 나라인지라 독특한 음식 문화가 없다. 우리의 요리는 원주민과 이주민 간의 풍성한 교환을 통해 발달했기 때문에 우리의 약점과 편견은 물론 놀라운 다양성과 풍성함이 반영됐다. 점심에는 파키스탄 음식을, 저녁에는 콜롬비아 요리를 즐길 수 있고, 스테이크는 과식해도 내장에는 고개를 돌리고, 아이들에게 생일 케이크는 못 먹게 하면서도 아침에는 25퍼센트 설탕이 담긴 시리얼을 내놓는다. 밥상에 오르는 가공식품─종종 설탕과 소금과 유전자 변형 곡물이 가득한─은 우리의 혈액뿐 아니라 지구 저편의 사람들의 삶에도 흔적을 남겼다. "미국 음식"은 당신에게 나쁜 음식인데, 어디서든 구할 수 있다. 깨끗한 물은 없어도 코카콜라는 있다. 패스트푸드는 이탈리아와 프랑스처럼 훌륭한 식습관을 지닌 나라에서조차 사람들의 몸과 관광 명소에 영향을 미치고 있다. 프랑스인이나 이탈리아인처럼 음식을 먹으라고 격려하는 (미국인을 위한) 새로운 지침서가 몇 년마다 출판되는 것을 보면 그런 영향을 염려하고 있음을 알 수 있다.[7]

나는 거의 교회에서 길러졌다―아, 목사 딸이라 그렇다. 날 때부터 그리스도인이었고, 방학이면 예수님과 작은 자들을 위해 여름 내내 열심히 일했다―음, 솔직히 말해 캠프에 오는 잘생긴 남자 애들을 보고 싶어 하는 마음도 있었다. 또한 성경을 굳게 믿었다. 혹시 성경에서 음식과 몸에 대한 나의 염려에 대해 다루고 있을지도 모른다고 생각했다. 그래서 대학교에서는 음식과 몸과 관련해 깨어진 내면을 치유하려는 의도로 성경연구를 전공했다. 나는 평생 성경을 읽어왔지만 이 책은 여전히 이상한 말과 금지사항으로 가득 찬 낯선 책이었다. 두 종류의 천을 섞지 말라니? 제발 내 원수의 이빨을 왕창 부숴버리라니? 가나안 족속을 모조리 멸하라니?

성경 또한 음식의 문제에 사로잡힌 듯 보였다. 나는 점점 더 혼란스러워졌다. 다음과 같이 부드럽게 환대하는 구절에서도 나는 혼란스러움을 금할 수 없었다.

> 오호라, 너희 모든 목마른 자들아 물로 나아오라. 돈 없는 자도 오라.
> 너희는 와서 사 먹되 돈 없이, 값없이 와서 포도주와 젖을 사라.
> 너희가 어찌하여 양식이 아닌 것을 위하여 은을 달아 주며

배부르게 하지 못할 것을 위하여 수고하느냐?
내게 듣고 들을지어다. 그리하면 너희가 좋은 것을 먹을 것이며
너희 자신들이 기름진 것으로 즐거움을 얻으리라. (사 55:1-2)

하나님도 음식을 좋아하시는 것 같았다. 약간 뚱뚱한 것도 괜찮겠다는 생각까지 들었다. 사람들은 예수님을 먹보에 주당이라 불렀는데, 이는 알코올과 커피까지 금하는 채식주의를 좇으면 결코 얻을 수 없는 평판이었다. 그런데 생존에 필요한 음식보다 더 많은 것을 원했으니 나는 "탐식"하는 사람일까? 즐거움을 위해 먹었다면 죄를 지은 것 아닐까? 적어도 아우구스티누스와 니사의 그레고리우스, 초대교회의 현인들에 비춰본다면 말이다. 역사와 문학에 나오는 "거룩한" 사람들은 왜 항상 말랐을까? 『레 미제라블』에 나오는 디뉴의 주교의 여동생 미리엘이 거룩한 느낌을 풍기는 건지 그냥 깡마른 건지 구별할 수가 없다.

젊은 시절의 말랐던 모습이 성숙한 뒤에는 투명한 모습이 됐고, 이 천상의 면모는 내면의 천사를 어렴풋이 보여주었다. 그녀의 모습은 그림자를 닮았고, 섹스라곤 도무지 생각할 수 없게 만드는 몸이었다. 생명의 불꽃이 담긴 작은 흙덩이였고…한 영혼이 이 땅에 남아 있을 구실이었다.[8]

우리 집 건너편과 지구 저편에 굶주린 이웃이 있는데 내가 어떻게 "저 요즘 완벽한 브라우니 굽는 법 배우러 다녀요"라고 떠들어댈 수 있을까? 그렇게 된다면 내가 투명한 천사 같은 모습이 되

기란 어림도 없을 테다.

그런데 성경에 보면 중요한 시점마다 음식이 등장한다. 금단의 그 열매에서부터 어린양의 혼인 잔치뿐 아니라, 그 사이에도 상당히 많이 나타난다. 음식은 천사, 성 윤리, 천국보다 성경에 더 많이 나오고, 음식이 펼쳐지는 그곳에는 죄와 은혜, 자비와 교제, 생명과 기쁨이 있다. 이와 동시에, 나는 농부나 시인, 요리사, 사제, 과학자, 소설가, 주부, 영화감독 등 온갖 사람들이 양식을 어떻게 바라보는지, 그리고 양식이 인간의 삶과 생각에 어떻게 나타나고 있는지를 문화적이고 역사적으로 파악하려고 애썼다. 이처럼 폭넓게 글을 읽고 쓰는 동안에 (그리고 요리를 해서 먹기도 하고, 아이를 갖게 되고 또 낳기도 하면서) 음식과 내 몸에 대한 나의 두려움과 갈등은 다른 생각이나 관심거리, 특히 다른 사람들에 대한 관심으로 변모했다. 그 이후 나는 음식이라는 창조주의 선물을 갈수록 더 기쁜 마음으로 취할 수 있음을 깨달았다.

이 책의 제목은 인생의 허무함과 덧없음을 한탄하는 책, 해 아래서 수많은 사람이 겪은 인생 경험을 반영하는 책인 전도서에서 따왔다. 아무리 열심히 일해도 나보다 못한 사람이 승진하는 현실, 정의를 기대하지만 불의를 보게 되는 세상, 많이 알수록 더 슬퍼지는 인생, 아무리 부유하거나 지혜롭거나 아름다워도 결국은 늙고 약해지고 죽게 되는 인생에 대해 묘사하는 책 말이다. 이 책을 통해 우리가 취할 최선의 길은 하나님을 경외하고 이웃을 사랑하고 이생의 좋은 것을 기쁘게 즐기되, 인생이 쏜살같이 지나가고 우리에게 하나님과 서로에 대한 책임이 있음을 깨닫고 그렇게 실천에 옮겨야 함을 알게 된다. 그럼에도 불구하고, 전도자는 우리에게 기쁨으로 음식을 먹고 즐거운 마음으로 포도주를 마시라고 권하면서, 하나님이 우리의 일을 기쁘게 받아주신다고 말했다.

앞으로 나올 내용은 내가 그리스도인으로서 어떻게 먹어야 할지를 배우는 여정에서 탐구한 것이다. 나는 음식과 먹는 행위에 대한 성경적 관점들을 살피고 이 관점이 여러 부류의 사람들의 통찰과 어떤 관계에 있는지를 고찰하려 한다. 그 부류에는 오늘날의 음식 운동과 밀접한 관련이 있는 사람들, 영양사와 상담사와 농부로 일하고 연구해온 사람들, 식량을 기르고 준비하는 방법을 예술의 경지로 끌어올리는 사람들이 포함돼 있다. 내가 왜 이런 것들을 탐구하게 됐냐 하면, 글쎄 "어느 땅콩버터를 사야 할까?" "어떤 식용유가 건강에 좋다고 했더라?" "내 이두근은 왜 저렇게 안 생겼을까?" "어떤 채소가 제철이란 것을 어떻게 알지? 그리고 이것이 과연 중요할까?" "하루에 2천 명이나 되는 아이들이 말라리아로 죽는데 나는 왜 내 피하지방에 대한 생각을 끊어버리지 못할까?" 이런 의문이 들었기 때문이다. 나는 아이들을 키우고 내 삶을 꾸려가면서도 이런 고민을 많이 한 편이다. 내가 **즐겁게 먹는 삶**에 이르는 여정에서 탐구한 주제들은 다음과 같다. 즐겁게, 넉넉하게, 창조적으로, 함께, 회복적으로, 구속적으로 먹는 삶이다. 이를 통해 우리는 우리를 서로와 창조세계에 묶어주는 끈을 강화시키는 한편 하나님의 선하심과 아름다움과 은혜를 더 많이 경험할 것이다.

1장 "**즐거운 밥상**"은 언제나 감사하는 열린 손으로 하나님이 공급하시는 음식을 선물로 받는 것에 관한 이야기다. 에덴동산에서 생명의 떡에 이르기까지 양식은 자기 백성을 향한 하나님의 사랑을 가리키는 살아 있는 은유인즉 우리가 기쁨으로 받아야 마땅하다.

2장 **"나눔과 섬김의 밥상"**에서는 "지극히 작은 자"를 섬기는 일의 중요성을 살펴본다. 하나님이 음식을 **공급**하시며 배려와 사랑을 보여주시듯 우리도 음식을 **나눔**으로써 하나님처럼 되도록 부름을 받았다. 룻기에는 보아스가 신명기의 율법을 뛰어넘어 과부이자 외국인인 룻과 함께 양식을 나누는 장면이 나온다. 오늘날에는 굶주림이 예전과는 다른 모습으로 나타나지만—가난한 미국인은 깡마르기보다는 뚱뚱한 편이다—"지극히 작은 자"에 대한 그리스도인의 책임은 예나 지금이나 변함이 없다.

어느 문화에서든 함께 밥을 먹는 일은 용납과 돌봄의 강력한 표시다. 3장 **"함께하는 밥상"**에서는 성경에 나오는 공동식사—특히 예수님이 "죄인들"과 함께 음식을 먹는 모습—를 살펴보고, 오늘날에도 공동식사가 사람들을 다함께 묶어주는 꼭 필요한 사회적 "접착제"와 같다는 점을 고찰한다. 4장 **"치유가 있는 밥상"**에서는 다함께 먹는 일이 여러 면에서 치유를 가져온다는 것을 살펴본다. 함께 먹는 밥상은 특히 식이장애를 다루는 효과적인 방법이다. 3-4장에서는 그리스도의 공동체 생활에서 밥상이 중심이 됨을 볼 수 있다.

5장 **"지속 가능한 밥상"**에서는 창조세계를 살펴본다. 이 세계는 우리 그리스도인들이 하나님의 작품으로 여기는 것이다. 하나님은 사랑의 눈길로 모든 피조물을 바라보시는데, 특히 생물의 다양성을 기뻐하시는 것 같다. 획일성과 예측 가능성과 기계화를 중시하는 현대 농업으로 인해 점점 소멸되어가는 생명의 다양성에 대한 이야기다. 예를 들어 맥도날드에서는—하나님이 만드신 다른 수천 종류의 감자가 아니라—특정 품종의 감자가 필요하기 때문에 그 품종만 대규모로 재배되는 실정이다.

6장 "창조적인 밥상"에서는 요리와 식사를 예배의 잠재력을 지닌 일종의 문화 만들기로 본다. 하나님처럼 사랑의 눈길로 음식을 구성하는 재료를 하나하나 바라보고 선배들의 전통 위에 새로운 전통을 세우는 가운데, 우리는 창조주를 영화롭게 하는 한편 새로운 음식 문화를 창조하는 셈이다.

마지막 7장 "구속적인 밥상"에서는 앞에 나온 다양한 줄기를 다함께 묶어내고 실제 생활에서 어떻게 밥상을 정복할 수 있을지 실천하는 방법에 대해 논의한다.

당신이 이 책을 집어 들어 여기까지 읽은 데는 그만한 이유가 있을 것이다. 과거의 나처럼 먹는 것에 대한 죄책감, 몸매, 세상의 여러 혼란스러운 메시지 등을 정리할 필요가 있을지도 모르겠다. 어쩌면 배고플 때까지는 음식에 대해 별로 생각하지 않을 수도 있겠고, 당신의 머릿속에서 음식이 차지하는 비중이 너무 커서 그럴 수도 있다. 또는 식이장애로 인해 고통을 당하고 있기 때문일 수 있다. 정의나 생태계의 문제, 또는 요리와 공동체의 삶이 당신의 관심사일 수도 있다. 또는 이와는 전혀 다른 이유로 이 책을 골랐을지도 모르겠다.

어떤 이유로 읽게 됐든 이 책은 당신에게 꼭 맞는 책일 것이다. 당신은 하나님의 형상으로 창조되어 하나님의 사랑을 받는 사람일 뿐 아니라 **먹는** 존재이기 때문이다. 나는 당신과 함께 예수님과 동행하는 법을 배우며 진정한 만나이자 생명의 떡이신 그분을 먹고 사는 동료로서 내 글이 당신에게 축복이 되기를 바란다. 아니, 기도한다. 당신에게 어떤 사정이 있든 나날이 더 기쁨으로 밥상을 맞이하길 바라는 마음이다.

1장. 즐거운 밥상

우리와 음식의 관계를 하나님의 뜻에 비춰보다

우리는 왜 음식을 먹는가? 어릴 적 나는 배가 고플 때 굶주림과 욕망과 포만감에 관해 많이 생각했던 것 같다. 그렇다고 저녁 밥상을 기다리는 여느 아이보다 더 배고픔을 느꼈다는 뜻은 아니다. 텅 빈 배에서 꼬르륵 소리가 날 때는 평소에 좋아하지 않던 음식도 먹고 싶다고 느끼게 되는 것이 참 이상하다고 생각했다. 배부를 땐 메스꺼웠던 냄새도 배고플 땐 정말 미친 듯이 향기롭게 느껴졌다. 그러다 드디어 먹기 시작하면 얼마나 좋았는지 모른다. 빵과 버터를 씹으면 아우성치던 뱃속이 조용해진다.

얼마나 희한한가. **살아가려면 우리 속에 있는 곳간에 시간 맞춰 밥을 채워 넣어야 한다는 것** 말이다. 나는 엄마, 아빠나 할머니, 할아버지가 밥을 먹는 모습을 쳐다보면서 우리 모두의 얼굴에 존재하는 음식 **구멍**이 참 신기하다고 생각했다. 그리고 식사하는 공간, 식당, 테이블, 쟁반, 은그릇 등 밥을 먹기 위한 특별한 장소들과 도구들도 있다. 우리 집에서는 모든 사람이 다 자리에 앉을 때까지 기다렸다가 감사 기도를 드려야 음식을 입에 넣을 수 있다. 그렇게 하지 않는 것은 무례한 행위였고 금기에 가까웠다. 기다리는 시간 동안 나는 밥상 위에 놓인 음식에 들어간 모든 노고를 생각해보곤 했다. 농장에서 밀과 가축과 토마토를 실어다가 미트볼과 파마산 치즈를 곁들인 스파게티를 만들기까지 이어진 기나긴 여정, 그에 참여한 모든 사람과 동물, 트랙터, 트럭, 창고, 슈퍼마켓을 생각해보라. 젖소로부터 짠 젖이 은박지에 싸인 허쉬 초콜릿이 되는 과정은 얼마나 길고 복잡하고 신비한지 모른다! 우리가 음식을 먹는 방식은 애완용 햄스터나 쥐가 먹는 방식과는 달랐다. 우리의 식생활에는 많은 의미가 있고 다양한 차원이 있었다. 유대계인 우리는 매달 한 번씩 침례교회에서 공동식사를 했고 또 유월절도 지키곤 했다.

하나님은 왜 먹어야 사는 피조물을 만드셨을까? 우리를 음식이 필요 없는 존재로 얼마든지 만들 수 있었을 것이다. 그러나 이곳은 사람들이—그리고 박테리아까지 거의 모든 것이—음식을 먹는, 또는 먹는 행위와 비슷한 어떤 행위를 하는 세계다. 그리고 우리는 상호의존이라는 복잡한 그물망—식물은 흙과 해와 작은 미생물로부터, 동물은 식물로부터, 인간은 그 모든 것으로부터, 그리고 모든 것은 하나님으로부터 먹이를 얻는—안에서 먹고 산다.[1]

그리고 하나님은 왜 먹는 것을 그토록 즐겁게 만드셨을까? 즐겁게 음식을 먹는 것이 생존의 동기가 된다는 생물학적 설명은 합리적이긴 해도 충분하지는 않다. 이는 르 꼬르동 블루(120년 전통의 프랑스 요리학교—옮긴이)나 훌륭한 포도주 또는 초콜릿의 존재 이유를 설명할 수 없다. 요리가 성행위의 전 단계 같은 것이라고 변호하는 작가들도 있었지만 말이다. 신학도 생물학만큼이나 할 말이 있다. 하나님이 우리를 광합성 작용이 일어나도록 설계하거나, 노트북이 콘센트에 연결될 때 (상상컨대) 즐거움을 얻어내듯 우리에게도 그런 즐거움을 주는 연료 보급 장치를 장착시키셨을 수도 있다. 나로서는 하나님이 음식을 맛있게 먹고 즐거움을 얻게 만드신 것은 하나님이 바로 그런 분이고 그 이상의 존재이기 때문이라고 믿고 싶다. 어린 학생이 예시바(*yeshiva*, 유대인 학교)[2]에 갓 들어가면 꿀 바른 종이를 받는다. 곧이어 이런 훈계가 이어진다. **"하나님이 어떤 맛인지를 결코 잊지 말라."**[3]

성경에 에덴동산은 아름답고 맛있는 음식이 풍성한 장소로 묘사된다. 아담과 하와는 동산에서 일하는 동산지기지만, 창세기의 앞부분에 나오는 그들은 봄이 되면 과수원 농사에 관한 책을 탐독하고 여리여리한 나무에 핀 꽃을 보고 걱정하는 내 남편과는 꽤나 다르다. 하나님이 사전에 가지를 치고 땅을 기름지게 해 놓으셔서인가, 그들은 이미 다 익은 과일이 달린 나무들 사이에 나타난다. 동산을 가꾸는 사람이 나타나서 일하기도 전에 그곳은 이미 아름답고 향기로우며 모든 나무가 "보기에 아름답고 먹기에 좋[았다]." 이로 보아, 우리가 음식을 먹는 것은 하나님이 이미 음식을 준비하고 우리를 귀한 손님으로 받아들이고 우리를 먹이기를 좋아하시기 때문이란 생각이 든다.

하나님의 형상은 "남자와 여자"다. 삼위일체이신 하나님의 삶이 '하나이면서 둘인' 사람(ha 'adam) 안에 신비롭게 암시돼 있다.[4] 그리고 아담 홀로 또는 하와 홀로 먹지 않고 그들은 **함께** 먹으며, 하나님이 그들을 먹이신다. 그런데 한 가지 금기가 있다. 그리고 부부와 뱀과 그 이야기는 금지된 일—허용된 일이 엄청나게 많은데도—에 초점을 맞춘다. 아담과 하와는 하나님 대신에 뱀과 함께 음식을 먹음으로써[5] 그 목가적 공동체와 기름진 토양과 기쁨을 망가뜨렸고, 이제 맨몸으로 하나님과 서로와 평화로운 교제를 즐기며 맛있는 음식을 먹는 일은 불가능해졌다. 이제는 양식을 얻는 일이 기쁘기도 하지만 힘겹고 고생스러운 일이 됐다.

하나님은 사람들에게 음식을 먹이고 **싶어 하신다**. 그분이 아담과 하와에게 한 나무를 멀리하라고 하신 것은 그들을 보호하기 위해서였다. 그들이 하나님과의 밥상 교제를 깨뜨린 것은 그분이 무언가 좋은 것을 허락하지 않고 있다고 의심하며 그 "좋은" 것이 그들을 **하나님처럼** 만들어줄 것이라 믿었기 때문이다. 그러나 그들은 삼위 하나님의 사랑의 교제에 참여하고 또 그 교제를 반영하는 등 이미 하나님과 같은 존재였다. 하나님이 만드신 모든 것을 섬기고 지키고 사랑하는 삶을 살고 있었다. 그래서 하나님은 그들의 선택을 인정하셔서 독립성을 주셨다. 곧 그 동산에서 나가 스스로 양식을 재배하게 하신 것이다.

여기에서 의존과 독립, 반역 등의 문제들은 **양식**을 중심으로 전개된다. 아담과 하와가 하나님과의 교제를 깨뜨린 것은 하나님이 금하신 일을 **했기** 때문만이 아니라, 하나님을 바람맞히고 또 하나님이 그들에게 해주고 싶어 하신 일을 허락하지 않았기 때문이었다. 하나님이 해주고 싶은 일은 그들을 **먹이는** 것이었는데 말이다.

하늘에서 온 떡

배우자나 룸메이트나 당신이 함께 사는 누군가가 온 식구를 위해 매주, 매일 쇼핑과 요리를 도맡아 한다고 상상해보자. 사실, 그 사람은 이 일을 싫어하지만 여러 가지 이유로 다른 대안이 없는 상황이다. 당신이나 다른 룸메이트가 너무 늦게까지 일하거나 요리할 줄 몰라서 그럴 수도 있다. 그래서 주부 담당자(?)는 이런 불평을 자주 늘어놓는다. "나 말고 **다른 사람이** 좀 음식을 준비하면 안 될까? 다른 사람이 요리한 것이면 뭐든 맛있게 먹을 수 있을 것 같아." 이제, 어느 날 하늘이 열리더니 팬케이크와 샌드위치, 스테이크에 디저트까지 모두 먹기 좋게 잘 요리된 상태로—날마다—쏟아졌다고 상상해보자.[6] 그러면 요리하던 사람이 더 이상 쇼핑도 요리도 하지 않고 가만히 앉아, 하늘에서 내 접시 위로 떨어지는 맛있고 균형 잡힌 음식을 먹게 되어 무척 기뻐할 것이라고 우리는 생각할 것이다.

그러나 그 사람은 결코 행복하지 않을 테다. 예전만큼 짜증낼 만한 온갖 이유를 찾아낼 것이다. 스테이크가 너무 질기네, 자기는 걸쭉한 오렌지 주스를 좋아하네, 저녁에 그런 부담스런 식사를 하고 싶지 않네, 끊이지 않는 불평을 쏟아낸다. 그리고 음식이 날마다 제시간에 하늘에서 떨어지는데도 그는 아침식사와 점심과 저녁식사용 음식이 정말로 계속 공급될지 줄기차게 걱정한다. 그래서 다른 사람들은 모두 웃으면서 얘기하고 음식을 즐기는데, 그는 양식이 하늘에서 떨어지지 않을 날을 대비해 남은 음식을 냉장고에 챙겨 넣느라 정신이 없다.

그 옛날 광야에서 있었던 만나 이야기가 이와 같다. 만나 이야기는 한동안 하나님이 창세기의 저주를 뒤집어 에덴동산에서처럼 자기 백성을 다시 먹이시는 모습이 아닐까 싶다. 그들이 할 일은 손을 뻗어 하나님이 이미 주신 것을 취하는 것뿐이다.

만나 이야기는 하나님이 놀라운 일을 행하신 직후에 나온다. 그분이 바다 한가운데로 길을 만들어 바로의 군대로부터 이스라엘을 구출한 기적 말이다. 이 하나님은 정말로 믿을 만하지 아니한가. 바닷바람이 채 가시기도 전에 이스라엘 백성은 불평을 늘어놓으며 음식 때문에라도 이집트로 돌아가고 싶다고 한다. "우리가 애굽 땅에서 고기 가마 곁에 앉아 있던 때와 떡을 배불리 먹던 때에 여호와의 손에 죽었더라면 좋았을 것을 너희가 이 광야로 우리를 인도해 내어 이 온 회중이 주려 죽게 하는도다"(출 16:3).

하나님이 그들을 위해 그들 한가운데서 믿기 어려운 기적을 행하신 지 5분이나 지났을까. 그들은 하나님이 단체로 굶겨 죽일 음모를 꾸몄다고 비난하고 있다. "알았어, 알았다고. 모두 조용히 해. 하늘에서 떡을 내려줄게"하고 하나님이 약속하신다. 이번에는 이스라엘이 과연 믿을지 보려고 테스트하는 중이다. 이것은 당신이 뒤를 돌아보지 않고, 또는 멈추지 않고 파트너의 팔에 뒤로 쓰러지는 연습과 비슷하다. 과연 이스라엘이 뒤를 돌아보지 않고, 또는 멈추지 않고 하나님의 팔에 쓰러질까?

그래서 하나님은 아침마다 이스라엘 백성에게 만나를 내려주시면서 날마다 **필요한 만큼만** 거두고 여섯 째 날에는 안식일을 대비해 이틀 치를 거두라고 말씀하신다. 일부 사람들이 화요일에 무슨 일이 일어날지 걱정이 돼 월요일에 양식을 쟁여두었다가 냄새가 나고 구더기가 끓기도 했다. 안식일 전날 내일은 더 많이 내릴 것으로 생각하며 편히 쉬고 있던 사람들도 있었다. 그러나 만나는 내리지 않았다. 에덴동산에서 그랬듯 하나님께서 좋은 것, **최고의** 것을 숨기고 있지 않다고 믿기란 결코 쉽지 않다. 손을 내밀어 하나님이 주시는 것을 취하는 일이 정말로 상책이다.

하나님이 먹이신다

하나님은 창조주로서 모든 피조물을 사랑하고 돌보시며, 우리와 사랑의 관계를 맺길 원하시고, 우리가 빈손으로 나아가 그분의 공급하는 손길을 경험하길 바라신다. 우리는 하나님을, 가만히 살피고 있다가 우리의 "잘못"을 포착해 우리의 흥을 깨는 분으로 생각할 때가 많다. 그러나 하나님은 우리를 맞이하려고 집에서 먹을 것을 잔뜩 준비하고 기다리는, 사랑하는 부모와 비슷하다.

몇 년 전《베이비토크》라는 잡지의 표지 사진을 둘러싸고 논란이 일었던 적이 있다. 사랑스런 눈으로 엄마를 쳐다보며 젖을 먹는 아기의 뺨과 엄마의 가슴이 대칭 곡선으로 아름답게 만나는 모습이었다. (매우 신중하게 찍은 사진이었음에도) 깜짝 놀란 사람도 있고, 편집부에 분노 가득한 편지를 보낸 사람도 있다.[7] 어떤 이들은 우리 문화가 가슴의 **존재 이유**를 잊은 것 같다고 지적했다.[8]

우리의 첫 아들이 태어났을 때 남편은 아기의 온갖 모습을 사진에 담았는데, 특히 젖 먹는 모습이 담긴 사진을 좋아했다. 현상된 사진을 집어 들고 남편에게 "젖 먹이는 사진이 왜 그렇게 많냐"고 투덜거리는 내게 남편은 그저 "아름답잖아"라고 말했다.

두 해 반이 흘러 둘째 아들을 낳았을 때도 아기가 처음으로 젖 먹는 모습을 찍었다. 몇 년이 흐른 뒤에야 나는 그 사진들에 대해 감사하는 마음이 생겼다. 지금도 엄마가 아기에게 젖을 물리는 모습을 아름답게 생각한다. 엄마와 아기 사이의 사랑과 보호의 유대는 뇌의 화학작용의 차원에서도 젖 먹이는 행위를 통해 더욱 강화된다.[9] 은유적 잠재력이 흘러넘치는 젖 먹이는 행위, 지극히 다정한 그 행위를 통해 엄마와 아기가 신체적으로 연합하는 장면에서 양식을 주는 것과 사랑을 주는 것이 비로소 하나가 된다.[10]

《베이비토크》를 둘러싼 논란과, 공공장소에서 아기에게 젖을 준다고 수유부를 질책하는 사건을 종종 보도하는 미디어에서 볼 수 있듯, 우리 문화는 젖 먹이는 모습의 아름다움을 제대로 이해하지 못하고 있다. 여성의 가슴은 주로 생명과 영양을 공급하는 부위가 아니라 성적인 부위로 간주돼 왔다. 하지만 성경은 정직한 어조로 젖 먹이는 행위와 가슴을 사용해 하나님이 자기 백성을 돌보시는 모습을 얘기한다.

여인이 어찌 그 젖 먹는 자식을 잊겠으며,
자기 태에서 난 아들을 긍휼히 여기지 않겠느냐?
그들은 혹시 잊을지라도 나는 너를 잊지 아니할 것이라. (사 49:15)

여호와께서 이와 같이 말씀하시되.
"보라, 내가 그에게 평강을 강 같이
그에게 뭇 나라의 영광을 넘치는 시내 같이 주리니,
너희가 그 성읍의 젖을 빨 것이며
너희가 옆에 안기며 그 무릎에서 놀 것이라.
어머니가 자식을 위로함 같이 내가 너희를 위로할 것인즉
너희가 예루살렘에서 위로를 받으리니." (사 66:12-13)

엄마 곁의 아기처럼, 우리를 먹이고 돌보시고 안아주되 젖 먹는 아기를 가진 자애로운 엄마보다 더 강한 애정으로 그리 하시는 하나님 앞에서 우리는 무력한 존재다.[11] 젖 먹는 아기는 부드럽고 친밀한 그 사랑을 얻기 위해 "착해야" 하는가? 그렇지 않다. 그냥 입을 열고 받아먹기만 하면 된다.

우리도 마찬가지다.

내 친구의 아기는 일시적으로 젖 먹기를 거부했을 때가 있었다. 그 아기는 울고 또 울고 울다가 결국 지쳐서 잠들고 말았다. 마침내 그로기 상태에서 젖을 먹곤 했다. 엄마의 몸은 아기의 울음에 반응하게 돼 있으므로, 아기의 배고픔을 채워줘야 하는데 그러지 못해 젖몸살을 앓게 됐다—아이가 배고플 때 먹이지 못하면

정말로 **아프다!** 젖몸살은 보통 때늦은 유산이나 사산 뒤에 생기는데, 이는 엄마의 몸이 굶주린 신생아의 부재를 슬퍼하는 현상이다. 하나님의 백성이 그분의 선하심을 거부할 때 하나님도 부모처럼 슬퍼하지 않을까 생각한다.[12]

> 마치 독수리가 자기의 보금자리를 어지럽게 하며
> 자기의 새끼 위에 너풀거리며,
> 그의 날개를 펴서 새끼를 받으며 그의 날개 위에 그것을 업는 것 같이,
> 여호와께서 홀로 그를 인도하셨고
> 그와 함께 한 다른 신이 없었도다.
> 여호와께서 그가 땅의 높은 곳을 타고 다니게 하시며
> 밭의 소산을 먹게 하시며 반석에서 꿀을,
> 굳은 반석에서 기름을 빨게 하시며…
> 너를 낳은 반석을 네가 상관하지 아니하고
> 너를 내신 하나님을 네가 잊었도다. (신 32:11-13, 18)

성경 전체에 하나님은 자신이 창조한 백성을 몹시 사랑하고 돌보고 먹이고 싶어 하는 분으로 묘사돼 있다. 손수 만든 음식을 손자가 먹는 모습을 간절히 보고 싶어 하는 할머니와 비슷하다. 내 증조할머니는 90대에 초콜릿으로만 연명하다시피 하면서도 손자들 곁에서 노심초사 "수프 좀더 먹어! 국수도 더 먹고!"하고 채근하곤 하셨다. 언젠가 온 식구가 중국집에서 볶음면을 먹고 있을 때 "참 맛있다. 좋네. 많이들 먹어라"하고 중얼거리는 증조할머

니의 말씀을 누군가 듣기도 했다. 지금은 할머니가 된 나의 엄마도 손자들이 와플이나 프렌치토스트나 부친 달걀을 먹는 모습을 볼 때면 마치 라흐마니노프 피아노 콘체르토를 연주하듯 행복해하시고, 음식에 담긴 당신의 사랑을 받아들이는 모습을 무척 기뻐하신다.

우리 인간은 최상의 것이 우리를 만드시고 끔찍이 사랑하시는 하나님 안에 있고 또 그분에게서 나온다는 것을 믿기 어려워한다. 우리는 초원에서 자꾸 벗어나 풀도 없는 포장 길을 따라 무거운 발걸음을 옮기는 양과 같다.

우리에게는 선한 목자가 필요하다.

나는 생명의 떡이다

웬델 베리는 윌리엄 칼로스 윌리엄스의 유명한 시구를 인용했다.

> 어디를 찾아봐도 주님의 몸 밖에는 먹을 것이 없도다.
> 복을 받은 식물과 바다는 자신을 내어 상상력을 온전케 하도다.[13]

이것은 요한복음 6장에 나오는 예수님의 말씀—"나는 생명의 떡이다"—과 비슷하다. 이스라엘 백성이 광야에서 먹었던 만나는 생명을 유지할 수 없는 땅에서 그들의 삶을 지탱해주었다. 물론 만나를 먹었던 모든 사람은 예수님의 시대에 이르면 오래 전에 죽은 것이 된다. 예수님은 그때와 다른 것을 약속하셨다. 그분을 먹는 자는 아무도 죽지 **않을** 것이란 약속. "나는 하늘에서 내려온 살아 있는 떡이니 사람이 이 떡을 먹으면 영생하리라. 내가 줄 떡은 곧 세상의 생명을 위한 내 살이니라"(요 6:51).

이는 그저 은유에 불과하다. 아니, 정말 그럴까?

요한복음 6장 앞부분에는 예수께서 한 소년의 점심을 취해 오천 명을 먹이고 남긴 사건이 기록돼 있다. 사람들은 기적을 통해 육신의 배를 떡과 물고기로 채운 뒤 그 이튿날 더 많은 것을 배우려고 그분을 다시 찾았다. 바로 **이 상황에서** 예수님은 이 말씀을 설명하신다. "내 살을 먹고 내 피를 마시는 자는 영생을 가졌고 마지막 날에 내가 그를 다시 살리리니, 내 살은 참된 양식이요 내 피는 참된 음료로다. 내 살을 먹고 내 피를 마시는 자는 내 안에 거하고 나도 그의 안에 거하나니"(요 6:54-56).

우리가 예수님의 선하심을 맛보려면 우리의 신체적 존재를 유지해주는 것에 대한 신뢰 이상으로 그분을 신뢰하며 그분과 하나가 되어야 한다는 말씀이다. 하지만 신비롭게도 우리의 존재를 지탱해주는 것들—떡과 물고기—은 그분의 사랑의 상징 그 이상이다. 이 땅에서의 우리의 생명은 결국 끝나고, 이후에 우리를 지탱하는 것은 오직 하늘의 떡밖에 없다. 심지어는 둔한 베드로까지 그 진리를 깨닫는다. "주여, 영생의 말씀이 주께 있사오니 우리가 누구에게로 가오리까? 우리가 주는 하나님의 거룩하신 자이신 줄 믿고 알았사옵나이다"(요 6:68-69). 이 순간은 베드로 인생 최고의 순간임에 틀림없다. 그는 선악과의 유혹을 받고 있지도 않고 이집트에서 먹던 음식이 최고였다고 확신하지도 않는다. 그는 지금 육신이 된 말씀, 하늘의 떡을 먹고 있다.

나는 예수께서 사람들에게 **물리적인** 떡을 먹인 후 그 자신을 하늘의 떡으로 밝히신 점을 정말 좋아한다. 성찬식 때 떡과 포도주를 먹길 좋아하는 것만큼 말이다. 예수님은 "나를 기억하여 이것을 **생각하라**"거나 "나를 기억하여 이것을 **말하라**"고 말씀하지 않았다. 우리가 먹고 마실 때 그분을 기억하여 이런 것을 **행하라**고 말씀하셨다. 윌리엄스의 시는 이 성경 이야기에 공명하면서 그것을 우리 삶에 잘 적용한다. "주님의 몸" 밖에는 먹을 게 없다고.

예수님을 하늘의 떡으로 묘사하는 것은 영적 진리인 동시에 **살아 있는 은유**다. 우리는 하루에도 여러 차례 음식을 먹는다. 먹을 것이 없으면 우리는 죽는 존재다. 비를 내리게 할 수 없는 것처럼 우리는 양식을 **자라게 할** 수도 없다. 웬델 베리의 글처럼, 우리는 우리가 통제할 수 없는 세력과 우리가 완전히 이해할 수 없는 작용에 의존하는, "신비에 의거해 살아가는" 존재다. 물리적 실체—우리의 몸이 양식에 달려 있고, 따라서 땅이 양식을 배출하도록 설계하신 창조주의 손길에 의존해 있다는 점—는 날마다 우리에게 영적인 실재, 곧 우리가 그리스도께 의존해 있다는 진리를 일깨워준다. 따라서 모든 식사는 성례전적 의미를 지닌다. 식사는 그리스도의 희생적 사랑을 상기시키는 맛있고 구체적인 실체며[14], 특히 고기 감자조림 같은 따스한 음식을 하나님의 든든한 사랑을 "먹을 수 있게" 해주셔서 감사하다는 기도를 올리는 순간에 더욱 그렇다.[15]

그리스도를 먹다, 부지중이라도

오늘날 성찬식을 집전하는 방식은 초기 교회의 방식과 상당히 다르다. 나는 요즘 다니는 성공회 교회 성만찬과 자라면서 다녔던 침례교회 성찬식을 모두 좋아하는데, 특히 초대 교회가 늘 함께 음식을 먹었다는 점과, 그리스도를 기억하며 떡을 떼는 일이 그분의 죽음과 부활의 선포인 동시에 사람들의 끼니 해결책이었음을 생각하면 늘 가슴이 설렌다.

어린 시절 다녔던 침례교회에서는 다양한 민족이 함께 예배를 드렸다. 주일 예배 후에는 중국인 성도들이 간단한 음식을 준비했다. 누구나 음식 값으로 1달러 정도를 기부했던 것 같다. 음식을 먹은 교인들은 대부분 중국인이었으나 나는 11시 예배를 드리는 동안 늘 배가 고팠다. 향긋한 밥 냄새와 잘 모르지만 맛있을 것 같은 양념 냄새가 예배당 속으로 스멀스멀 들어오면 나는 엄마의 팔을 잡아당기며 점심을 먹고 가자고 조르곤 했다. 교회 지하실에서 차가운 철제 의자에 앉아 (지구에 유해한) 스티로폼 접시에 담긴 맛있는 음식을 먹을 당시에는 내가 주님의 만찬을 기념하고 있다고 생각한 적이 없는데, 돌이켜보면 그것은 분명 성만찬이었다.

아, 다음 몇 단락에는 "바베트의 만찬"(Babette's Feast)이란 영화에 대한 스포일러가 있으니 영화를 볼 생각이 있다면 잠깐 건너뛰었다가 영화를 본 뒤에 다시 돌아오길 바란다.

"바베트의 만찬"이라는 아름다운 영화는 덴마크 작가 아이삭 디네센의 단편 소설에 바탕을 둔 것으로, 자격 없는 사람들에게 부지중에 음식으로 은혜를 베푼 이야기다. 한 프랑스 여성이 유혈 혁명의 와중에 고국을 떠나 덴마크의 유틀란트 연안에 있는 나이 든 두 여인의 집에 피신한다. 두 여인의 아버지는 이미 작고한 자그마한 금욕적 종파의 지도자였는데, 그는 영적인 것을 신체적인 것보다 훨씬 중시하고 극도로 검소한 삶을 살며 남을 친절하게 섬기기로 다짐했던 유별난 인물이었다. 아버지와 함께 영적인 일에 헌신하기 위해 그들은 즐거움을 좇지 않고, 생존에 필요한 만큼만 먹고, 가능한 말을 적게 하고, 연애도 예술적 취향도 단념하고 살았다.

곤궁에 빠졌어도 살아남은 것에 감사했던 바베트는 덴마크어는 못했지만 친구가 써준 메모―"바베트는 요리할 줄 안다"―를 들고 온다. 그래서 두 자매는 날마다 바베트에게 식사 준비를 시켰고, 바베트는 맥주에 젖은 빵, 말린 생선, 담백한 음식으로 양식을 마련했다. 그는 신실하고 다정하고 조용하게 두 자매를 섬기며 아픈 교인들을 돌보았다. 바베트에게는 프랑스 복권이라는 옛 생활과의 유일한 연줄이 있었는데, 고향의 친구가 그녀 대신 해마다 갱신해주었다. 바베트는 프랑스로 돌아가기에 충분한 액수인 일만 프랑짜리 복권에 당첨되자 두 자매에게 그들 아버지(목사) 탄생 100주년을 기념하기 위해 맛있는 식사를 모든 회중에게 대접하게 해달라고 간청한다.

두 자매는 바베트의 제안에 놀라기도 했지만 살아 있는 거북과 많은 메추라기를 비롯해 프랑스에서 조달된 이국적인 재료에 깜짝 놀랐고, 자매와 교인들은 바베트가 베풀어주는 만찬 때문에 감각적 탐닉이나 상상조차 못할 나쁜 것—"마녀의 안식" 같은 것—에 빠질 것 같다고 생각한다. 하지만 아무 것도 요구하지 않고 몇 년을 충실하게 섬겨준 온유하고 신비로운 친구를 모욕하고 싶지 않아서 그 잔치에 참석하되 "마치 입맛을 잃은 것처럼 되기로" 약속했다.

막 식사가 시작될 즈음, 뜻밖의 손님—자매 중 하나에게 구애했었고 지금은 유명한 장군이 된—이 만찬에 합류하게 되어 모두 열두 명, 그러니까 예수님의 마지막 만찬에 참석했던 제자들과 같은 숫자를 이루었다. 다른 사람들은 바베트가 대접하는 굉장한 음식과 포도주를 즐기지 않으려 애쓰지만 세련된 장군은 그 호화로운 음식을 알아채고 깜짝 놀란다. 그리고 그 촌사람들에게 이 음식이 무엇인지 하나씩 설명하면서 시편 85편에 기초해 이런 곳에서 이런 음식을 맛볼 수 있다는 건 기적이라고 말한다. "인애와 진리가 같이 만나고 의와 화평이 서로 입맞추었도다"(시 85:10).[16]

맛보지 않겠다는 결의에도 불구하고 그들은 음식을 즐기기 시작했다. 그러면서 예전과는 달리 서로 화해하는 분위기로 접어든다. 그들은 해묵은 원한을 풀고 로맨스의 불길을 다시 당긴다.

나중에 자매들은 바베트가 새로 얻은 재물과 함께 곧 파리로 돌아갈 것으로 예상하며 감사를 표시한다. 이제 바베트는 진실을 밝힌다. 그녀가 한 때 프랑스 최고급 레스토랑의 요리사였고, 지금은 당첨금 전액을 그 진수성찬에 다 투입해서 다시 빈털터리가 됐다고 한다. 그녀는 사람들을 대접하기 위해 자신에게 있는 모든 것—요리 기술과 물질—을 내주었다. 그들은 무엇을 받았는지 알지도 못하고 알려고도 하지 않았지만 만찬을 먹는 가운데 복을 받았다. "무한한 은혜가…그들에게 주어졌고, 그들은 그 사실에 놀라움을 느끼지도 못했다."[17]

나는 우리 모두가 그 늙은 촌사람들이라고 생각한다. 그리스도께서 친히 우리처럼 그 잔치를 꺼려하고 그 의미심장함을 알지 못하는 자들에게 그분의 몸과 피를 양식으로 주신다. 그 양식으로 우리는 생명을 유지하고 새롭게 되고 힘을 얻는다. 우리는 마치 엄마가 종일 애써 만든 수프를 먹으며 "엄마! 눈 감고 먹어봐요. 완전 깡통 수프 맛 같아요!"라고 외치는 딸 같다. 우리는 생명의 떡이 얼마나 좋은지 맛보는 법을 배우는 초년생에 불과하다.

에덴동산에서, 광야에서, 하나님의 말씀과 함께, 오천 명과 제자들에게 일어났던 그 일은 바로 우리에게도 일어난다. 예수님 밖에는 갈 곳이 없다. **그분이** 바로 영생의 떡이기 때문에.

어린아이처럼 먹기

하나님은 우리가 앙앙 울고 발버둥을 치며 밥상에 나올 때에도 은혜로 우리를 지탱해주신다. 그러나 그리스도의 밥상이 얼마나 즐거운지를 조금이라도 알면 큰 기쁨을 누릴 수 있다. 마을 사람들은 몰랐겠지만, 장군은 얼마나 놀랐겠는가. 이미 경험을 통해 최고급 포도주와 귀한 진수성찬의 맛을 잘 알았기 때문만은 아니다. 음식을 즐기지 않겠다고 사전에 결심하지 않은 채 열린 자세로 왔기 때문이었다. 반면 다른 모든 이들은 두려움과 의심을 품은 채 가능한 한 복을 받지 않겠다는 닫힌 태도로 왔다. 모두 복을 받긴 했지만, 그 장군은 바베트의 희생적인 선물을 거리낌없이 받았기 때문에 그 복을 더 귀하게 느끼지 않았을까?

그는 어린이 같은 믿음으로 왔다.

가족 치료사 겸 영양사인 엘린 새터는 이런 이야기를 들려준다.

> 17개월 된 홀리는…먹는 것을 **무척 좋아했다**. 식사용 의자에 앉히면 눈을 번쩍 뜨고 팔과 다리를 흔들며 괴성을 질러댔다. 먹는 동안에는 흠흠 소리를 냈다. 진심으로 맛있다는 뜻이었다. 즐거움이 모든 세포에서 **스며나왔다**. 친구들과 가족들은 웃겨서 그 광경을 보려고 주변에 모여들었다. 그러나 홀리의 엄마는 **죽을 지경**이었다. 음식에 이렇게나 열띠게 반응하는 딸이 추잡스럽게 느껴졌다. [엄마에게는] 홀리가 자기탐닉적 폭식가처럼 보였고…장차 너무 뚱뚱해질 것이 뻔했다.[18]

시간이 흐르면서 홀리의 엄마는 여느 부모처럼 조치를 취했다. 홀리에게 즐거움을 멀리하도록 가르치고, 수치심을 안겨주고, 먹는 것을 통제했던 것이다. 그 결과 홀리는 수년 동안 장애에 시달리다 치료를 받아야 했다.

홀리의 엄마가 차라리 딸을 내버려두었으면 어땠을까. 소아과 의사 클라라 데이비스가 1928년에 실시한 젖 뗀 고아원생의 먹을거리 선택에 관한 실험 연구에 따르면, 다양한 먹을거리를 자유로이 선택하도록 허용된 어린이들이 결국은 놀랍도록 균형 잡힌 음식을 택한 것으로 드러났다. 그 연구는 어린이들이 미리 선정된

다양한 먹을거리 중에서 스스로 선택하도록 내버려두는 것이 최선임을 시사한다. 성인과 달리 아이들은 배고플 때는 먹고 배가 차면 중단하고 직관적으로 필요한 영양을 섭취하는 전문가인 셈이다. 성인의 간섭은 (정크푸드의 마약 같은 효과와 더불어) 하나님에게 받은 어린이의 자기규제 능력을 방해할 수 있다.[19] 새터의 "음식 섭취 능력" 치료법은 성인들에게 스스로 이런 태도—음식에 대한 적극성과 호기심, 선택의 능력에 대한 확신—를 다시 개발하도록 격려한다.[20]

홀리의 이야기를 들으면 마태복음 19장이 생각난다. 제자들이 예수님의 축복을 받으러 온 어린이들을 나무란 이야기다. "진실로 너희에게 이르노니 너희가 돌이켜 어린 아이들과 같이 되지 아니하면 결단코 천국에 들어가지 못하리라. 그러므로 누구든지 이 어린 아이와 같이 자기를 낮추는 사람이 천국에서 큰 자니라"(마 18:3-4)라는 예수님의 말씀을 제자들은 이미 잊어버렸다. 젖 먹는 아기가 어머니의 가슴으로 신나게 달려가듯, 아장아장 걷는 아이가 간식을 향해 달려들듯, 우리도 그렇게 생명의 떡을 먹어야 한다. 즐거움을 기대하고 선함을 받아들이고 감사를 드릴 준비를 해야 한다. 이것이 그리스도를 영적으로 영접한다는 뜻이다. 그런데 일반적인 먹는 행위 역시 성례전적이다. 우리가 만찬에 대해 열린 자세를 취한다면, 먹는 행위는 우리에게 생명의 떡을 맛보는 법을 가르쳐준다.

즐겁게 먹는 행위는 곧 하나님을 하늘과 땅의 창조주로, 그리고 나와 우리의 창조주로 인정하는 것이다. 하나님은 우리의 몸을 위해 음식을, 음식을 위해 우리의 몸을 만드셨다. 하나님의 창조 안에는 먹는 것을 즐겁고 만족스럽게 만드는 모든 감각과 연상이 포함된다. 우리는 냄새 맡고 맛보고 씹는 등 단순한 즐거움을—부끄러워하지 말고—한껏 누려야 마땅하다. 우리가 음식을 먹을 때 우리를 먹이는 분은 바로 하나님이다.[21]

이 시점에 내가 분명히 하고 싶은 바는 하나님은 애초부터 **모두가** 잘 먹도록 설계하셨다는 점이다. 그러나 깨어진 세계에서는 그렇지 않다. 하나님의 이상과 굶주림의 현실 사이에는 큰 간극이 있으며, 이는 대체로 인간이 **나누기**를 거부하기 때문이다. 구약성경은 아낌없이 나눠주라고 명한다. "너는 반드시 네 땅 안에 네 형제 중 곤란한 자와 궁핍한 자에게 네 손을 펼지니라"(신 15:11). 우리가 구속적으로 먹을 때는—나중에 자세히 탐구할 개념이다—그 간격을 메우는 조치를 취해 모두에게 양식을 주려는 하나님의 뜻을 존중하는 셈이다. 깨어진 세계와 탐욕과 냉담함이 존재한다고 해서 먹는 즐거움이나 감사의 중요성이 줄어드는 것은 아니다. 하지만 우리의 식욕은 절제할 필요가 있다.

음식과 식욕 자체는 다른 피조물과 같이 매우 좋은 것이다. 우리가 창조주를 유념하며 감사로 충만한 채 우리 앞에 놓인 음식을 기쁨으로 받는 것이 이상적이다. 칼로리와 지방, 제한, "올바름", 또는 수치 등에만 초점을 두지 않으면 그렇다는 말이다. 그렇다고 해서 폭식을 마음껏 즐겨도 된다는 뜻은 아니다. 폭식은 진정한 즐거움이 왜곡된 행태이고 지나친 욕망을 추구하는 행습이다. 단, 폭식가가 될까봐 우려한 나머지 먹는 즐거움이 방해를 받으면 안 된다. 엘린 새터의 연구에 따르면 음식에 더 많은 즐거움을 느낄수록 지나친 탐닉이 줄어든다고 한다.

사람들이 내가 말하는 즐거움을 반문화적인 것으로 볼지도 모르겠다. 심리학자 폴 로진은 북아메리카 사람들이 음식을 생각하면 즐거움보다 죄책감을 떠올린다는 사실을 입증한 바 있다. 프랑스인은 "명절 만찬"을 생각하면 행복해지는 데 비해 북아메리카인은 과식 걱정을 한다고 한다. 나 역시 "아, 과식하면 안 되는데…"하면서 디저트를 먹으며 지방과 칼로리와 다이어트에 관해 얘기하는 것을 수없이 목격했다. 그 대신 하나님이 주신 좋은 선물에 감사하고 배고픔을 해결하면서 모든 감각적 즐거움을 향유하는 것이 바람직하다. 리처드 존슨은 이렇게 말한다. "기쁨은 예배와 마찬가지로 혁명적이고, 자유롭게 하고, 위험하고, 매우 반문화적이며, 우리를 얽매려는 세력에 저항하고 그 부조리함을 비웃을 수 있게 해준다."[22]

그리고 찬송가 가사처럼 "주님의 뜻 안에서…소원이 다 이루어졌음을 보지 못했는가?" 우리 주님을 찬양하자!

즐거운 밥상은 모든 식사에 성례전적 성격이 있음을 인정한다. 우리는 "떡으로만 사는" 존재가 아니다. 우디 앨런이 만든 영화 "슬리퍼(Sleeper)"에서 주인공은 200년 동안 극저온 수면을 취한 후 깨어나 친구들이 모두 죽은 것을 보고 깜짝 놀란다. "그런데 그들은 모두 건강식품을 먹었는데!" 하면서 완벽한 식이 요법으로 영생을 추구하는 이들에게 일격을 가했다. 이제는 "건강한" 식습관이 여러 진영에서 식이 요법상의 의로움을 거론하는 하나의 방식으로 자리를 잡았다. 그러나 앤 라모트가 말하듯, 우리가 아무리 건강하고 풍성한 음식을 먹고, 아무리 많은 "정화작업"을 하고, 아무리 많은 생채소를 섭취한다고 해도 모두가 "이 버스를 탄 채 종착역을 향하고" 있다.[23] 양식은 우리의 육체적 생명을 유지하지만—이는 "해 아래서" 기뻐할 만한 축복이다—우리의 모든 것이 될 수는 없다. 양식은 우리가 그것을 "최우선"으로 삼지 않는 한 좋은 속성을 보유하게 된다.[24] 우리가 육체적으로 음식에 의존해 있다는 사실은 날마다 우리가 영적으로 그리스도, 곧 영생을 약속하는 유일한 떡에 의존하고 있음을 상기시켜준다.

즐거운 밥상은 사랑의 관계 안에서 일어나기 때문에 거기에는 두려움과 수치가 들어설 여지가 없다. 마이클 폴란은 "[우리가] 건강한 음식 섭취의 개념에 사로잡힌 건강하지 못한 사람들"이라고 말했다. 죄책감과 근심이 늘 우리를 따라다닌다.[25] 그 배후에는 다양한 이유가 복잡하게 얽혀 있다. 우리가 마땅히 죄책감을 느껴야 할 이유도 있을 테다. 따라서 우리는 "무지에 의존하지 말고…폭넓게" 먹는 즐거움을 느껴야 한다. 그러나 이런 즐거움은 우리의 창조주 하나님과 생명의 떡인 그리스도에 비추어 양식과 우리 자신을 인식하는 것을 출발점으로 삼는다. 양식은 하나님의 사랑을 가리키는 표지다. 사랑 안에 두려움이 없는 것은 사랑이 두려움을 내쫓기 때문이다.

그러면 양식을 어린이처럼 받아들이길 바란다. 기쁘고 즐겁게, 그리고 감사하면서.

끝으로, 즐거운 밥상은 우리가 결코 양식과 "하나님과만 홀로"

있는 것이 아님을 기억한다. 에덴동산에서 여자는 뱀과 그녀의 남편과 함께 먹었다. 이스라엘 백성은 서로 탐욕과 의심을 품도록 부추겼다. 그리고 초조한 제자들과 음식을 함께 먹는 군중이 없다면 "오병이어"의 기적이 어떤 이야기가 되겠는가? 양식은 우리를 다른 이들—다른 사람들과 다른 피조물들—과 연결시키되 때로는 눈에 보이는 방식으로, 많은 경우에는 보이지 않는 수많은 방식으로 그리 한다.

아울러 양식은 우리 모두를 하나님과 연결시킨다.

식사기도

주님, 감사합니다. 이 음식을 주셔서
생명과 건강과 모든 좋은 것을 주셔서
우리 영혼에 필요한 만나도 주소서.
하늘에서 내려오는 생명의 떡을.
그리스도의 이름으로 기도합니다, 아멘.

아 하나님, 당신을 송축합니다.
온 우주의 왕이여, 땅에서 떡을 내시는 분이여.
―유대인의 전통적 기도

하나님은 위대하시고 하나님은 선하시다.
우리에게 음식을 주신 하나님께 감사합니다.
하나님의 손길이 우리를 먹여야 하리니
주여, 우리에게 일용할 양식을 주소서. 아멘.
―어린이 기도

이 양식을 먹고 우리의 힘을 되찾고, 피곤한 팔다리에 새 힘을 얻고, 지친 마음에 새로운 생각이 떠오르게 하소서. 이 음료를 마시고 우리의 영혼이 소생하고, 메마른 정신에 새로운 비전이 생기고, 차가운 가슴에 새로운 온기가 일어나게 하소서. 새롭게 된 뒤에는 우리에게 모든 것을 주시는 당신께 새로운 기쁨을 드리게 하소서.
―아일랜드의 축복기도

실천하기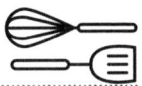

1. 매 끼니 밥이나 간식을 먹기 전에 항상 감사하기
내 앞에 놓인 양식을 하나님의 선하심을 가리키는 표지로 인식하며 천천히 먹으려고 애쓰세요.

2. 성경 속 밥상의 의미에 주목하기
성경을 읽으며 본문의 이야기와 시의 맥락에 따라 거기에 나오는 양식과 그 의미에 귀 기울여보세요.

3. 모든 감각을 동원해 음식에 주의를 기울이기
맛보기 전에 잠시 눈과 귀와 코와 손으로 음식을 받아들인 뒤에 최대한 주의 깊게 맛보세요.

4. 음식을 먹을 때 언제나 하나님의 임재 가운데 먹는다는 것을 기억하기

5. 성찬식 때 갓 구운 빵을 나누어보기
이렇게 감각을 증진시킨다면 날마다 먹는 빵이 당신에게 주님의 만찬을 상기시켜줄 거예요.

*제안: 독서 모임에서 함께 이 책을 읽고 있다면 "바베트의 만찬"을 시청하고 토론할 계획을 세워보세요.

토론하기

1. 음식에 대해 생각할 때 주로 어떤 이슈나 고민이 머릿속에 떠오르나요?

2. 저자의 경험이나 이야기에 공감하십니까? 당신의 이야기는 저자의 이야기와 비슷한가요, 아니면 다른가요? 어떤 면에서 그런가요?

3. "하나님이 음식을 맛있게 먹고 즐거움을 얻게 만드신 것은 하나님이 바로 그런 분이고 그 이상의 존재"라는 저자의 말에 대해 어떻게 생각하세요?

4. 성경 속 음식의 역할에 주목한 적이 있나요? 오늘날 우리가 음식과 맺는 관계는 성경 시대의 사람들과 어떻게 다른가요?

5. 하나님이 "젖먹이는 엄마"처럼 우리를 먹이고 싶어 하신다는 저자의 주장에 대해 어떻게 생각하세요? 우리 문화는 하나님과 젖가슴에 대해 어떻게 생각하고, 이는 성경이 묘사하는 방식과 어떻게 다른가요?

6. 하나님이 자녀를 먹이는 부모와 같다는 말씀을 들을 때 어떤 느낌이 드나요? 본문에 나오는 홀리 이야기를 읽을 때 기분이 어땠나요?

7. "예수님을 하늘의 떡으로 묘사하는 것은 영적 진리인 동시에 살아 있는 은유다." 이 말은 무슨 뜻일까요? 우리는 어떻게 음식을 그리스도의 사랑을 가리키는 은유로 받을 수 있을까요?

푸드 스타일리스트 메이의 행복 레시피

차돌박이 샐러드와 우엉 영양밥

차돌박이 샐러드는 맛의 조화뿐 아니라, 산성(고기)과 알칼리성(채소)가 만나 서로를 보완해줍니다. 뿌리채소인 우엉, 당근 등은 정화능력이 있는 땅 속에서 자라기 때문에 오염물질에 노출이 덜하고 영양은 풍부합니다. 마음을 담아 간편하고 맛있게 만들어 보세요.

재료: 차돌박이 150g, 참나물
소스: 청양고추 1개, 일반고추 1개, 식초 1큰술, 간장 2큰술, 포도씨유 1큰술

1. 참나물을 먹기 좋은 크기로 잘라주세요.
2. 먹기 좋게 썬 고기는 정종, 미림, 소금, 후추를 살짝 뿌린 후 팬에 앞뒤로 구워 주세요.
3. 간장과 식초, 포도씨유를 골고루 섞어 소스를 만든 뒤, 접시에 참나물과 쇠고기를 담은 다음, 소스를 골고루 부려 주세요.

재료: 채친 우엉 1컵, 채친 당근 1/2컵, 쌀 2컵, 간장 2큰술, 정종 1큰술, 다시마 사방 10cm 한 조각, 채소육수 2컵

1. 우엉과 당근을 크게 채 썰어 줍니다.
2. 쌀에 간장, 정종, 가쓰오 다시 1컵, 다시마 한조각을 넣어주세요.
3. 썰어놓은 재료를 얹어 밥을 지어주세요. 밥이 완성되면 밥알이 으깨지지 않도록 골고루 섞은 후 참나물 잎을 조금 뜯어 올려주세요.

메이's 꿀팁! 채소육수가 있으면 더 담백한 우엉영양밥을 만들 수 있지만 생수도 괜찮아요. 냄비밥을 할 때는 30분간 불린 쌀을 기준으로 쌀과 물을 1:1.2(물기가 많지 않은 밥을 원하시면 1:1)로 잡아주세요. 뚜껑을 덮고 가장 센 불로 끓이다 물이 끓기 시작하면 가장 약불로 놓고 15분 끓이신 후 불을 꺼주세요. 뚜껑을 닫고 5분 뜸을 들이면 맛있는 냄비밥 완성! 전기밥솥도 방법은 같아요.

2장. 나눔과 섬김의 밥상

어려운 사람을 대접하며 이웃을 사랑하며

하나님은 땅이 양식을 내게 하여 우리 몸에 먹을 것을 공급하신다. 이는 우리가 궁극적으로 그리스도의 사랑의 손길에 달려 있는 존재임을 보여주는 살아 있는 은유다. 우리가 양식이 부족한 이들과 양식을 나눈다면 하나님의 일을 하는 셈이다. 하나님을 위해 그 일을 한다는 뜻이다. 예수께서는 마태복음에 실린 최후의 심판에 관해 말씀하실 때 이 점을 지적하셨다.

인자가 자기 영광으로 모든 천사와 함께 올 때에 자기 영광의 보좌에 앉으리니, 모든 민족을 그 앞에 모으고 각각 구분하기를 목자가 양과 염소를 구분하는 것 같이 하여 양은 그 오른편에 염소는 왼편에 두리라. 그 때에 임금이 그 오른편에 있는 자들에게 이르시되 "내 아버지께 복 받을 자들이여, 나아와 창세로부터 너희를 위하여 예비된 나라를 상속받으라. 내가 주릴 때에 너희가 먹을 것을 주었고 목마를 때에 마시게 하였고 나그네 되었을 때에 영접하였고 헐벗었을 때에 옷을 입혔고 병들었을 때에 돌보았고 옥에 갇혔을 때에 와서 보았느니라." 이에 의인들이 대답하여 이르되 "주여, 우리가 어느 때에 주께서 주리신 것을 보고 음식을 대접하였으며 목마르신 것을 보고 마시게 하였나이까?"…임금이 대답하여 이르시되 "내가 진실로 너희에게 이르노니 너희가 여기 내 형제 중에 지극히 작은 자 하나에게 한 것이 곧 내게 한 것이니라" 하시고. (마 25:31-40)

고등학교 시절 우리 교회 청소년부에서는 월드비전 후원금 모금을 위해 다함께 금식했던 적이 있다. 금식 기간에 우리는 어느 선교단체에서 주방 일을 도왔다. 예전에 나는 배고픈 사람을 먹이는 일—기근에 시달리는 먼 나라에서든 우리 주변에서든—은 복음을 말로 전할 수 있는 기회를 제공할 때에만 충분한 가치가 있다고 생각했다. 말하자면, 엄청난 양의 스파게티와 미트볼을 만들어 대접하는 행위, 또는 먹을 것이 없는 이들을 위해 모금하려고 금식하는 행위를 통해서는 복음이 표현된다고 생각하지 않은 것이다. 하지만 지금은 금식에 따른 우리의 배고픔을 통해, 그리고 굶주린 사람을 위해 우리가 준비한 음식을 통해 좋은 소식, 곧 복음이 구체적으로 표현된다고 생각한다.

그렇다고 해서 굶주린 자를 먹이는 일이 그리스도의 복음을 말로 선포하는 일을 **대체**한다는 뜻은 아니다. 그러나 예수께서 말씀하신 복음은 그 자체가 **가난한 자에게 좋은 소식**이기에 언제나 그런 소식으로 제시돼야 한다. 예수님은 군중에게 자기가 생명의 떡임을 말하기 전에 그들을 떡으로 먹이신다. 그리고 인간다운 삶을 방해하는 사람들의 죄를 용서할 때에도 그들의 병을 고쳐주신다. 가난한 이들을 위한 좋은 소식이 아닌 복음은 사실 복음이 아니다. 그래서 사도 야고보가 이렇게 쓴 것이다.

> 만일 형제나 자매가 헐벗고 일용할 양식이 없는데, 너희 중에 누구든지 그에게 이르되 "평안히 가라, 덥게 하라, 배부르게 하라" 하며 그 몸에 쓸 것을 주지 아니하면 무슨 유익이 있으리요? 이와 같이 행함이 없는 믿음은 그 자체가 죽은 것이라. (약 2:15-17)

양식을 나누는 일은 초기 공동체 생활의 필수적인 요소였다. 신자들은 그리스도의 피와 몸을 기념하여 주님의 만찬에 참여하는 **동안** "실제로" 배고픔을 채우는 식사를 하며 그 의례를 지켰다.[1] 이 그리스도인들은 **날마다** 다함께 음식을 먹고 예배하면서 그들의 소유를 가볍게 여기고 가난한 자들을 도와주었다(행 2:45). 그들은 예수님이 부자에게 "재물이 있는 자는 하나님의 나라에 들어가기가 심히 어렵도다!"(막 10:23)는 말씀을 제대로 이해했다. 그들은 아낌없이 베풀었음에도 "떡을 떼며 기쁨과 순전한 마음으로 음식을 먹었고" 하나님이 복을 주셔서 "구원 받는 사람을 날마다 더하게 하셨다"고 한다(행 2:46-47). 그들은 그 언행을 하나님의 법의 목표, 곧 관대하고 공평한 사랑으로 하나님과 이웃을 사랑하는 것에 맞춘 채 날마다 숫자가 늘어나고 있었던 것이다.

역사를 통틀어 가난한 자를 먹이고 돌보라는 명령을 진지하게 여겼던 그리스도인도 있기는 했지만 무시한 사람들이 훨씬 많았다. 가톨릭교회의 사회적 가르침은 "이들 중 지극히 작은 자"를 예수님께 하듯 돌보라는 주님의 명령을 아주 진지하게 여기는 전통의 좋은 본보기다. 교황 베네딕트 16세도 쓰길, "과부와 고아, 죄수, 병자, 온갖 어려운 자에 대한 사랑은 성례 사역과 복음전파만큼 필수적이다"라고 했다.[2] 이와 반대로, 개혁파 복음주의자인 케빈 드영과 그레그 길버트는 가난과 기아를 구제하는 데 열심인 복음주의 운동이 부흥하는 현상을 한탄하면서 굶주린 자를 먹이는 일은 구두적인 복음 선포에 비해 부차적이라고 주장했다.

> 예수님은 병자와 가난한 자를 돌보셨지만 그들을 치유하고 그들의 필요를 채우는 것이 그의 강력한 야망은 **아니었다**. 그는 사람들을 죄에서 구하기 위해 세상에 보냄받았다.[3]

신약학자이자 부(富)의 도덕을 연구하는 내 친구 크리스 헤이스는 예수님이 죄의 용서보다 돈에 관해 더 많이 말하시고, 네 죄가 용서받았다고 선포하기보다 치유하실 때가 더 많고, 가난한 사람을 방치하는 자들에게 영원한 심판이 기다린다고 말씀하신다고 했다.[4] 또한 매릴린 로빈슨에 따르면 예수께서 심판 날에 양과 염소를 구분하실 때 예수님이 "종교적 분파나 성적 지향이나 가족의 가치관은 언급하지 않으시고 '내가 주릴 때에 너희가 먹을 것을 주지 않았다'고 말씀하신다"고 말한다.[5]

날마다 수만 명의 어린이가 양식이 없어 죽고 있는데, 이에 대한 변명은 있을 수 없다. 배고픈 자에게 양식을 주는 일은 여전히 "이들 가운데 가장 작은 자"를 섬김으로 예수님을 섬기는 중요한 방법이다. 물론 오늘날의 식량 정의(food justice)는 예수님의 시대와는 판이하게 다르다. 칼로리는 많지만 영양분이 빈약한 식습관과 연루된 질병은 세계적으로 건강의 위기를 초래한다. 영양실조와 마찬가지로 빈약한 식습관은 제2형 당뇨, 심장병, 조기사망과 같은 다양한 질병을 초래한다. 이런 병은 남반구에서 발생하면 풍요의 병으로 불리기도 하지만 가난한 미국인들도 걸리기 쉽다.

오늘처럼 굶주릴 확률만큼 과식할 확률이 큰 세상에서도 사람들의 양식에 대한 예수님의 염려는 여전히 유효한가?

나는 그렇다고 믿는다.

탐욕이라는 병

정크푸드나 체중 조절용 건강기능식품을 판매하는 사람들은 비만이 개인적 절제가 부족해서 생긴다고 주장한다. 질리안 마이클스는 운동 DVD에서 "당신은 더 나은 몸매를 위해 **싸워야 한다**"고 외친다. 슈거파우더 상자에는 "활동적인 생활방식"이 건강의 비결이라고 적혀 있다(설탕 소비를 줄이는 게 아니라!). 인터넷과 TV 광고는 프로그램, 건강기능식품, 책—**여기에 나의 노력도**!—이 우리를 날씬하게 만들어줄 것이라고 약속한다. 로비스트들은 성분표시 제도나 학교 영양 기준을 엄격하게 규제하는 것에 반대하면서 식품 회사처럼 "모든 것을 적당히" 하는 것이 좋고, 비만은 개인적(어린이의 경우는 부모의) 책임의 문제라고 주장한다.

그러면 고도 비만에 걸린 어린이가 수백만 명이라는 사실은 어떻게 된 것인가? 그들에게 절제력이 없거나 부모가 규제를 하지 않아서 그런가? 아니면 그보다 더 복잡한 문제인가? 어쩌면 탐욕이 비만의 부분적인 원인일지 모르지만 이 문제를 자제력의 부족 탓으로만 돌릴 수는 없다고 생각한다.[6] 백 년 전, 아니 오십 년 전만 해도 미국에는 비만이라는 문제가 없었다. 오늘날에는 미국인의 적어도 3분의 1이 "비만"으로 분류되고 다른 3분의 1은 "과체중" 군에 속한다.[7] 그러면 우리가 세계대전 이후, 특히 1970년대에 처음에는 서서히, 이후에는 급속하게 자제력을 잃어버렸단 말인가? 아니면 다른 요인들도 작용하고 있는가?

생물학적으로 보면 우리는 소금과 설탕과 지방—자연에는 희귀하나 에너지가 풍부하고 생명에 필요한 것들—을 매우 좋아하게끔 돼 있다.[8] 수렵과 채집을 하며 살았던 우리 조상은 야생 벌꿀을 발견하면 얼른 꿀떡 삼켜야 한다는 것을 알았다. 조만간에 없어질 수도 있기 때문이었다. 달콤한 것을 좋아하는 취향은 타고나는 것이다. 엄마 젖이 달아서 갓난아이는 달콤한 것을 매우 좋아한다.[9]

이런 취향은 일종의 보호 장치일지도 모른다. 쓴 맛을 싫어하는 성향 덕분에 위험하거나 독성이 있는 것은 물론이고 6개월 쯤 주는 채소 이유식마저 뱉을 가능성이 높아진다. 임신한 여성의 입덧에도 비슷한 이유가 숨어 있다. 임산부가 특정한 향이나 악취를 맡으면 구역질이 나는데, 이런 것들은 뱃속의 아기에게 해로운 물

질과 관련된 경우가 많다.[10]

식습관은 문화와 연결돼 있다. 일본 아기에게는 맨 먼저 마른 오징어로 치아를 시험하게 하지만 프랑스 아기에게는 바게트의 끝부분을 갉게 한다. 하지만 단 것과 소금과 지방을 좋아하는 성향은 우리에게 내재돼 있다. 채소와 적포도주와 다크 초콜릿의 쓴맛에 대한 취향은 자라면서 배우는 것이다.

그러나 식품 산업은 그런 갈망을 이용해 우리를 유아기 상태에 묶어놓으려 한다.[11] 이런 타고난 갈망에 편승하는 것은 손쉽고 값싼 작업이기 때문이다. 많은 연구에 따르면, 가족의 식품 구매 결정에 취향이 완전히 발달되지 않은 어린이들이 큰 영향을 미친다고 한다.[12] 설상가상으로, 어린이는 광고를 비판적으로 평가할 준비가 돼 있지 않고 만화와 광고를 구별할 능력조차 없다. 내 조카가 다섯 살쯤 됐을 때 나와 함께 마트에 갔는데 큰 사탕 통에 슈렉 사진이 붙어 있는 것을 포착했다. 이어서 "우와, 이모 이거 짱 좋을 것 같아요. 슈렉이 붙어 있잖아요!"하고 소리쳤다. 일부 광고주들이 이런 순진한 믿음을 기뻐하고 있을 모습이 내 머릿속에 떠올랐다. 그들이 정말 어린이 건강에 관심이 있었다면 이런 광고를 어린이에게 실제로 좋은 식품에만 부착했을 것이다.[13]

패스트푸드 트리오인 "버거, 감자튀김, 탄산음료"야말로 식품 산업이 우리의 본능적 취향에 얼마나 잘 편승하는지 뚜렷이 보여준다. 채소 스튜나 사과 샐러드와 달리 패스트푸드 트리오는 세 가지 강력한 취향—소금, 설탕, 지방 맛—을 모두 담고 있고, 해당 산업은 중독성을 극대화하기 위해 조작하고 테스트를 끝없이 반복한다. 패스트푸드 치킨—"진짜" 닭가슴살로 만들었을지라도—은 당신의 입과 뇌에 딱 맞추기 위해 연화, 숙성, 주입, 염지, 당지, 옷 입히기, 튀기고, 테스트하고 또 테스트하는 등 여러 과정을 거친다. 데이비드 케슬러가 『과식의 종말』(문예출판사)에서 설명하듯, 공장에서 나오는 식품(폴란은 이를 "식용 물질"이라고 부른다)은 중독성을 극대화하기 위해 설계되고 개조되고 조정되고 또 조정된다.[14] 이런 공정을 통해 최소한의 양으로 많은 칼로리를 섭취하게 되는데, 이는 미래를 다룬 영화 "월-E"에 나오는 마시는 "'컵'에 든 컵케이크"와 비슷하다.

신경화학적 차원에서, "중독성" 있는 식품을 먹고 양전자 단층촬영을 하면 인간 뇌에 헤로인, 아편, 모르핀 같은 약물을 먹었을 때와 같은 효과가 나타난다고 한다.[15] 이렇게 맛있고 풍부한 식품 조합은 과거에는 드물고 비쌌지만 지금은 값싸고 도처에 널려 있고 중독성이 있다. 식품 회사들도 이 점을 알고 있다. 저항할 수 없는 맛과 식감을 만들어내고, 멋지게 포장하고 마케팅하는 것이 식품 회사의 몫이다. 이 공정은 비가공식품보다 훨씬 큰 이윤을 창출하지만, 에너지 가치의 견지에서 보면 가공식품은 슈퍼마켓에서 가장 값싼 품목에 속한다. 칼로리 당 비용으로 계산해보면 당근이 감자튀김보다 네 배 비싸고, 탄산음료는 가격 대비 칼로리가 가장 높다.[16]

이래서 미국에서 식습관 관련 질환에 걸릴 확률이 가장 높은 사람들이 또한 가장 가난한 것이다.[17]

영화 "푸드 주식회사"(Food, Inc.)에는 건강 유지를 위해 채소를 살지, 아니면 당뇨 치료약을 살지 양자택일의 기로에 놓인 가난한 멕시코 계 미국인 가족의 이야기가 나온다. 둘 다 살 수는 없다. 아버지는 브로콜리 하나가 1.69달러인 데 비해 패스트푸드 드라이브스루에서 파는 치킨 샌드위치는 1달러밖에 되지 않음을 알아챈다. 하루 동안 네 식구가 12달러로 배를 채울 수 있다니, 정말 저렴하지 아니한가. 그러나 길게 보면 건강을 해칠 확률이 매우 높다.

맥도날드 같은 곳은 버거와 감자튀김과 탄산음료를 만드는 데 필요한 값싼 원재료를 공급받기 위해 옥수수와 대두 등 여러 곡물을 지원하는 정부 보조금—바로 당신의 세금이다!—에 의존하는데, 장기적으로 가장 가난하고 취약한 사람들의 건강에 해를 끼치는 결과에 대해선 책임을 지지 않는다. 형편없는 식생활과 연루된 질병을 치료하는 데 들어가는 돈이 무려 약 190조 원에 이른다. 이는 미국이 의료비로 사용하는 총액의 16.5퍼센트에 달한다.[18] 이 중에 상당 부분을 메디케이드(Medicaid)와 메디케어(Medicare) 같은 정부 프로그램이 지불하고 있다. 갈수록 규모가 커지고 설탕과 소금 함량이 많아지는 식품 생산업자와 유통업자들이 미국 시민의 보조를 받는 데 비해, 우리 가운데 가장 취약한 이들의 삶의 질은 이런 식품을 소비하는 바람에 서서히 떨어져왔다. 반면에 그런 회사의 주주들은 점점 더 부유해진다. 이 식품 정의는 과연 가난한 자를 위한 것인가? 물론 성경의 저자들이 상상할 수 있었던 것과는 다른 형태를 취하긴 하지만 다음과 같이 선언하신 하나님의 미움을 받기엔 부족함이 없다.

빈궁한 사람들을 짓밟고, 이 땅의 가난한 사람을 망하게 하는 자들아,
이 말을 들어라!
기껏 한다는 말이,
"초하루 축제가 언제 지나서, 우리가 곡식을 팔 수 있을까?
안식 일이 언제 지나서, 우리가 밀을 낼 수 있을까?
되는 줄이고, 추는 늘이면서, 가짜 저울로 속이자.
헐값에 가난한 사람들을 사고
신 한 켤레 값으로 빈궁한 사람들을 사자.
찌꺼기 밀 까지도 팔아먹자" 하는구나. (암 8:4-6)

오늘날 산업화된 국가의 가난한 이들이 예전처럼 앙상해질 일은 없지만, 불공평한 세금 혜택과 곡물 지원을 세트로 받는 속임수를 쓰는 회사들의 손에 놀아나는 것은 예전과 다름없다.

사람들마다 먹을거리에 대한 선택권이 있고 가공식품도 "다채로운 건강한 식생활"의 "일부" 아니냐고 말하는 사람도 있다. 따라서 가난한 사람이 식생활 관련 질환에 걸릴 확률이 높다면, 이는 가장 값싼 음식이 가장 건강에 해롭다는 사실 이외에도 교육이나 운동 습관, 또는 다른 어떤 차이 때문이라는 것이다. 어쨌든 콩과 쌀은 건강에 좋은 값싼 곡물이니까, 그저 가난한 이들이 양질의 먹을거리에 신경을 쓰지 않기 때문이란다. 정말 끔찍할 정도로 비민주적인 관점이다.

바버라 에런라이크는 저임금 노동자로 몇 개월을 살아보기 전에는 자신이 렌틸 콩 수프 한 통과 비싸지 않은 음식을 요리하며

살 수 있을 것이라 생각했다. 그런데 그녀가 발견한 정말 뼈아픈 사실은, 가난한 이들이 크고 작은 상황 때문에 어쩔 수 없이 건강에 좋지 않은 식재료를 살 수밖에 없다는 점이었다. 때로는 크고 저렴하게 묶음 판매하는 상품을 사는 데 필요한 현금이 없는 것도 문제다. 큰 마트에 가려면 차가 필요하기도 한데, 만일 걸어가야 한다면 동네 구멍가게에서 살 수밖에 없다. 더구나 부엌이 없는 모텔에서 지낸다면 렌틸 콩 수프는 그저 그림의 떡일 뿐이고, 현실은 천 원짜리 메뉴로 배를 채울 수밖에 없을 것이다.

트레이시 맥밀란은 『미국식 식생활』(The American Way of Eating)에서 소득이나 교육 수준과 상관없이 누구나 잘 먹고 싶어 한다고 주장한다. 그런데 농산물은 비싸고, 동네 구멍가게—때로는 돈 없는 사람이 식재료를 살 수 있는 유일한 곳—에서는 쉽게 상하는 물건을 원치 않는다. 그러니 이미 가공된 식품만 들이기 쉽다. 하지만 맥밀란은 농산물을, 특히 유기농산물을 귀중하게 생각하는 사람들이 오히려 가난한 이들이었음을 발견했다. 단, 비싸기 때문에 많이 구입하지 못할 뿐이다. 그녀가 일했던 미시건 월마트에서는 불량으로 팔지 못하는 음식이나 식재료를 별도로 담아놓은 통이 있었는데 영업 끝날 즈음이면 늘 바닥이 났다고 한다. 공짜 도넛보다 사과가 더 빨리 없어졌다. 잘 먹고 싶은 마음은 인지상정이다.

우리 부부가 캘리포니아 농촌에 거주하는 동안 극빈자로 사는 몇 가정을 알고 지냈다. 십대 친구들은 주로 자동차에서 자고, 호수에서 목욕하며, 라면을 먹으며 생활했다. 그들에게 "요리"란 인스턴트 으깬 감자에 물을 붓고 프라이팬에서 슬슬 볶는 정도였다. 그들이 우리 집에 저녁을 먹으러 올 때는 큰 물통을 가져와서 식수를 담아가곤 했다. 하지만 내가 준비한 채소 카레와 통밀 난을 비롯한 "이국적인" 음식을 시식하는 걸 마다하지 않았다. "레이첼, 이런 음식은 처음 먹어 봐요." 토니가 말했다. "그런데 맨날 먹어도 괜찮을 것 같아요."[19]

미국의 가난한 사람들이 이윤만 추구하는 탐욕스런 식품 회사들에게 희생되고 있다면 다른 나라들의 빈민도 별반 차이가 없다.

사람들은 다양한 식습관을 통해 건강과 행복을 발견해왔다. 에스키모족은 몸을 따스하게 유지하려고 고래 지방을 많이 섭취한다. 마사이족은 대체로 고기와 피를 먹는다. 푸에블로 인디언은 옥수수와 콩과 호박을 먹는 전통을 갖고 있다. 부족의 특정한 필요와 환경에 잘 어울리는 식습관이다. 오늘날에는 산업화되고 세계화된 식품 시스템—농장에서 가공을 거쳐 밥상에 이르는 모든 과정을 소수의 회사가 독점하는 시스템—이 도처에서 전통적인 식습관을 위협하며 갈수록 고혈압, 제2형 당뇨, 심장병 등 식생활 관련 질병의 비율을 높이고 있는 실정이다. 이런 현상은 강한 식품 전통을 가진 곳에서도 나타난다.[20]

『배고픈 행성』(Hungry Planet: What the World Eats)이란 책은 고도로 가공된 설탕과 지방과 소금이 잔뜩 든 서양식 먹을거리가 지구의 외딴 구석 등 얼마나 멀리까지 사람들의 삶에 침투했는지 생생한 사진으로 보여준다.[21] 영화 "베이비즈"(Babies)에는 몽골 오지에 사는 형제가 코카콜라—세계화되고 산업화된 식품 시스템의 완벽한 상징―를 나눠 마시는 장면이 나온다. 이는 전 세계에서 팔리고 있는 당도 높고, 고도로 가공되고, 널리 광고되고, 최고로 포장된 상품이다. 안전한 식수가 없는 곳에도 코카콜라는 있다. 예수의 이름을 들은 적이 없는 사람들도 코카콜라는 안다.[22]

이런 문제들을 개인의 절제 부족 탓으로 돌리는 것은 설득력 있는가? 제2형 당뇨는 과연 폭식의 결과이고, 기독교 다이어트 프로그램이 주장하듯 기도와 회개로 싸우는 것이 최선인가? 아니면, 우리가 이런 시스템을 용납해서 생긴 "죄"인가? 만일 개개인이 자제력 부족의 죄를 짓는다면, 기업들은 더욱 그렇지 않은가. 뻔히 알면서도 뻔뻔스럽게 재정적 이익을 노리는 인간본성의 약점을 이용할 뿐만 아니라 공적 기금의 보조를 받고 또 나쁜 결과를 자신들이 약탈하는 이들의 탓으로 돌리지 않는가.[23] 이것은 명백한 불의다. 예수님은 오늘도 나쁜 음식을 너무 많이 먹어 그 생명이 약해지는 자들을 돌보라고 우리를 부르지 않는가? 굶주린 이들 뿐 아니라 비만해도 영양이 부족한 자들을 섬기라고.

아직도 "정글"

어린 시절, 우리 가족은 예배가 끝나고 교회 집사님 부부와 함께 점심을 먹으러 갔다. 나는 햄버거를 시켰는데, 미처 다 먹지 못했다. 집사님은 "레이첼, 네가 그 햄버거를 먹게 된 건 어느 가련한 소가 자기 목숨을 내줬기 때문이란다. 다 먹는 건 어떨까?"하고 말했다. 집사님이 나를 놀리고 있다는 걸 나도 알았다. 물론 그

소가 내 햄버거만을 위해 그 목숨을 내준 것은 아니다. 그런데 내 머릿속에는 그 소가 풀이 무성한 농장 뜰에 서 있고 그 뒤편에 붉은 헛간과 돌아다니는 닭들의 모습이 떠올랐다.

다큐멘터리 영화 "푸드 주식회사"에는 조엘 샐러틴이라는 사람이 나온다. 쉐난도밸리에 있는 그의 폴리페이스 농장은 내가 어린 시절에 그렸던 그런 농장이다. 샐러틴은 책임과 정직이라는 덕목이 투명성과 함께 가야 한다고 확신한 나머지 도축장을 야외에 지었다. 그는 영화 속 인터뷰를 하면서 무심한 듯 닭의 목을 따기도 한다. 폴리페이스 농장은 하나님의 설계에 걸맞게 만족한 동물들이 여기저기 돌아다니며 땅을 긁고 풀을 뜯어먹는 그런 곳이다. 거기서 일하는 사람들도 무척 행복하다. 2년이나 기다려 인턴이 된 그들은 신선하고 맑은 공기를 마시며 뜻 깊은 일을 한다.[24]

이 이미지를 에릭 슐로서의 책 『패스트푸드의 제국』(에코리브르)을 바탕으로 한 영화에 나오는 이미지들과 대조해보라. 영화 "푸드 주식회사"의 감독은 업계의 반대로 진짜 도축장 내부를 촬영하지 못했지만, "패스트푸드의 제국"[25]은 그런 장소 내부의 모습을 노골적으로 묘사했다. 한 마디로, 일종의 지옥이다. 그 모습은 업튼 싱클레어의 『정글』(The Jungle)에 묘사된 끔찍한 불의와 착취와 위험과 학대의 장면과 별반 다르지 않다.

도축장에서 일하는 노동자는 보통 불법체류자인 경우가 많은데, 그중에도 젊은 라틴계 사람이 많다. 미국에서 가장 위험한 일이기도 하거니와 임금도 가장 적은 편이다. 동물 학대만 해도 충격적인데 육가공업에 만연한 인권 유린을 보니, 영구적인 단식 투쟁에 들어가고 싶어진다. 국제인권감시기구가 이 산업의 열악한 근로조건이 인간의 기본권을 침해한다는 주장을 담은 보고서를 내놓기도 했다.[26]

1906년 소설 『정글』은 보통 미국 역사 교과서에서 식품 및 의약품 위생법과 육류 검역법의 빠른 제정에 기여한 책으로 기억된다. 내가 직접 읽기 전에 생각했던 바와는 반대로, 그 책은 더러운 육류와 육가공품과 관련된 역겨운 이야기가 아닌 육가공업에 종사하는 이민자 유르기스 루드쿠스의 삶에 초점을 둔다. 유르기스와 동료들은 공장에서 끊임없이 생산성 증대, 임금 삭감, 부상의 위험에 직면한다. 적당한 주택이나 의료 혜택도 없이 살아간다. 그들은 이민자라서 정부 당국을 두려워하고 자기네 권리도 모른다. 백년이 지난 지금도 우리가 먹는 고기의 대부분은 이런 사람들의 손에서 가공되고 있다.[27]

1930년대와 1970년대 사이 짧은 기간에는 육가공 작업이 안전과 보수 면에서 다른 산업들의 직무와 비슷했다. 그것은 대체로 노동조합 덕분이었는데, 이런 조직은 미국 산업 현장의 안전도를 높이는 데 크게 기여했고 특히 1911년 트라이앵글셔츠웨이스트 공장 화재 사건을 계기로 탄력을 받았다.[28] 그러나 1980년대에 육류 회사들이 다층식 도시 공장을 떠나 육류를 공급하는 폐쇄형 축산 기업에 가까운 농촌 지역으로 이사했다. 회사들은 또한 생산 라인의 기계화를 증진시켜 하루 종일 아무 생각 없이 고기를 절단하는 인간의 작업―똑같은 손으로 똑같은 곳에서 똑같은 절단을 하는 일―을 대폭 줄였다. 그러면서 노동자의 임금이 확 떨어졌는데, 2002년에 이르러 20년 전에 비해 거의 4분의 1이나 삭감됐다. 노조가 탄압받고 불법체류 노동자—제조업자가 착취하기 쉬운 취약한 자—들이 산업의 중추를 이루게 됐다.[29]

육가공 노동자의 현실을 고발한 보고서 "피와 땀과 두려움"(Blood, Sweat, and Fear)을 위해 인터뷰에 응한 거의 모든 사람이 "몸에 심각한 상처를 지니고" 있었다. 미국 산업안전보건부는 공포 영화에나 나올 법한 이런 무시무시한 부상이 사기업에서 발생하는 질병과 부상 비율의 네 배나 된다고 보도한다.

"돼지 절단용 톱이 작동해서 청소부가 죽었다."
"청소부가 컨베이어에 끌려들어가 짓이겨져 죽는다."
"한 노동자가 분쇄기를 작동하자 거기 서 있던 청소부가 두 다리를 잃는다."

이 분야에서는 수천 명이 충격적인 부상을 당하지만 통계 수치가 실제보다 낮을 가능성이 많다. 육가공 업계에서는 사고가 당연히 축소 보도되기 마련이다. 매니저들은 노동자의 보상권에 대해 책임지지 않으려고 그들에게 부상을 보고하지 말라고 압력을 가한다. 하지만 트라우마는 불행의 일부일 뿐이다. 똑같은 동작을 고도의 속력으로 수없이 반복하는 데서 오는 반복사용긴장성 질환 역시 많은 사람을 괴롭힌다(나도 아이스크림을 푸는 일을 "한 주" 했더니 팔꿈치에 이 병이 생겼다.) 국제인권감시기구가 "갈퀴 손"으로 고통받는 한 남자와 얘기한 적이 있는데, 불과 22세였는데 과로로 손이 부어올라 갈퀴 모양으로 굳어진 경우였다.[30] 노동자들이 기름과 피가 흥건한 바닥에서 미끄러지거나 냉동창고에서 오래 일해서 부상을 당해도 회사 주치의들은 대수롭지 않게 넘어간다. 아킬레스건이 찢어진 한 남자는 회사 간호사에게 "피가 안 났으니 병원에 안 가도 되겠네요"라는 말을 들었다고 한다.[31]

『키라키라』(Kira-Kira)라는 소설에는 조지아의 양계 공장에서 일하는 일본계 미국인 가족이야기가 나온다. 그들이 일하는 공장은 너무도 비인간적으로 운영되어 노동자들이 자주 화장실에 갈 수 없어서 생리대를 해야 했다. 물론 소설은 허구이지만 삶은 매우 현실적으로 묘사돼 있다.[32] 노동자들은 심각한 위험에 노출돼 있으며 비참할 만큼 가난하고, 많은 경우 그들의 건강과 안녕을 해치고 있다. 도대체 무엇 때문에? 닭가슴살을 450그램에 2달러라는 싼 값에 팔면서 CEO 연봉을 1천만 달러를 주어야 하기 때문인가?[33] 예수님이 재분배에 올인한다는 말은 아니지만 그분은 분명 화장실 갈 시간을 확보해주고, 먹고살 만한 임금을 주는 편에 서 있을 것이다. 트레이시 맥밀란의 설명처럼, 식품 노동자 급여는 생산 총비용에서 매우 적은 부분을 차지하기 때문에 미국인의 식료품 예산에 조금만 변화를 줘도 그들의 급여가 상당히 올라갈 수 있다.[34]

마케팅 담당자는 우리 육류가 샐러틴의 폴리페이스 농장 같은 곳에서 온다는 인상을 창조하려고 애쓰지만 사실은 전혀 그렇지 않다. 우리가 먹는 대부분의 육류는 동물과 인간을 모두 괴롭히는 그런 장소에서 온다. 하나님은 우리 인간을 창조하고는 "좋다"고 말씀하셨고, 인간의 고통스런 부르짖음을 듣는 분이고, 이민자와 가난한 자를 위해 공의를 행하라고 명령하는 분이다.

곤궁하고 빈한한 품꾼은 너희 형제든지 네 땅 성문 안에 우거하는 객이든지 그를 학대하지 말며. (신 24:14)

너는 이방 나그네를 압제하지 말라 너희가 애굽 땅에서
나그네 되었었은즉 나그네의 사정을 아느니라. (출 23:9)

가난한 사람을 학대하는 자는 그를 지으신 이를 멸시하는 자요
궁핍한 사람을 불쌍히 여기는 자는 주를 공경하는 자니라. (잠 14:31)

이익을 얻으려고 가난한 자를 학대하는 자와 부자에게 주는 자는
가난하여질 뿐이니라. (잠 22:16)

《소저너스》의 발행인 짐 월리스는 언젠가 그의 동료들과 함께 성경에서 압제당한 자와 궁핍한 자에 관해 말하는 구절을 모두 잘라냈더니 성경이 속빈 책이 되더라는 이야기를 하곤 한다. 내가 음식과 관련된 구절을 다 잘라내보진 않았지만 아마도 비슷하게 배울 점이 많지 않을까 싶다.

룻: 식품 정의 이야기

열네 살 때 나는 포커스 온 더 패밀리의 잡지 《브리오》에 실린 룻

기에 관한 이야기를 읽었다. 이 잡지에 실린 이야기의 메시지는 룻과 보아스 간의 로맨스에 초점을 맞춘 채 싱글 여성은 "제짝"을 기다리는 동안 하나님을 섬기는 길을 찾아야 한다는 교훈이었다.[35] 그러나 로맨스의 개념은 룻기가 기록된 이래 이천 년 동안 존재하지 않았고, 룻의 행실은 복음주의적 데이트 안내서와는 거리가 멀다(예컨대, 그녀는 보아스가 자고 있을 때 그 곁에 눕는다). 그런데 룻과 보아스는 정의, 친절, 화해와 관련해 율법의 요구사항을 훨씬 능가하고 또 재정의한다.[36]

자녀가 없는 과부는 어떤 상황에서든 비극 그 자체다. 고대 세계에선 창녀나 노예의 삶으로 전락하는 것에서 사형 선고에 이르는 그야말로 불행한 인생을 의미했다. 두 아들과 남편까지 잃은 늙은 여인 나오미는 굶어죽을 지경에 이른다. 똑같이 과부 신세가 된 며느리들은 아직도 젊어서 충분히 재혼할 수 있었기에 그들에게 그렇게 하도록 격려한다. 그러나 룻은 모든 법을 초월하는 친절하고 단호한 자세로, 혼인 맹세만큼 강한 헌신으로 스스로를 나오미에게 묶어놓는다.

> 어머니께서 가시는 곳에 나도 가고
> 어머니께서 머무시는 곳에서 나도 머물겠나이다.
> 어머니의 백성이 나의 백성이 되고
> 어머니의 하나님이 나의 하나님이 되시리니. (룻 1:16)

예전에 기근 때문에 베들레헴에서 도망한 나오미와 룻은 "여호와께서 자기 백성을 돌보시사 그들에게 양식을 주셨다 함을 듣고"(룻 1:6) 되돌아가기로 결정한다. 여전히 두 여인은 극빈자다. 이들은 레위기와 신명기의 율법에 따라 그들보다 잘 사는 이들이 밭 어귀에 남겨둔 양식을 주워 먹으며 연명한다. 그 율법은 "가난한 자들이 하나의 계급으로 출현하지 않도록" 방지하는 역할을 한다.[37]

> 너희 땅의 곡물을 벨 때에 밭모퉁이까지 다 베지 말며 떨어진 것을 줍지 말고 그것을 가난한 자와 거류민을 위하여 남겨두라. 나는 너희의 하나님 여호와이니라. (레 23:22, 그리고 19:9절과 신 24:19절도 보라)

룻이 곡물을 주우러 갈 때 우연히 나오미의 친척인 보아스의 밭에 "이르게 된다." 보아스가 룻에 대해 수소문한 끝에 그녀가 시어머니에게 극진하다는 것을 알게 됐고, 율법의 요구사항을 뛰어넘는 관대한 태도로 그녀를 대한다. "이삭을 주우러 다른 밭으로 가지 말며 여기서 떠나지 말고 나의 소녀들과 함께 있으라…목이 마르거든 그릇에 가서 소년들이 길어 온 것을 마실지니라." 아울러 보호도 해주겠다고 약속한다. "내가 그 소년들에게 명령하여 너를 건드리지 말라 하였느니라"(룻 2:8-9).

어쩌면 보아스가 룻에게 추파를 던지는 듯 보이지만 오히려 그의 행동을 **환대**로 표현하는 편이 나을 것이다. 율법은 그로 하여금 일꾼들에게 그녀를 위해 여분의 곡물을 남겨두라고 말하도록 요구하지 않지만 그는 그렇게 한다. 보아스가 룻을 염두에 두지 않았어도 율법적으로는 아무 문제가 없었을 것이다. 본문이 거듭 말하듯 그녀는 모압 사람이고, 그녀의 조상은 이스라엘 백성이 이집트를 떠날 때 그들에게 떡과 물을 대접하길 거부했기 때문이다. 이로 말미암아 모압 사람은 하나님의 회중에 들어올 수 없었다.

> 암몬 사람과 모압 사람은 여호와의 총회에 들어오지 못하리니 그들에게 속한 자는 십 대뿐 아니라 영원히 여호와의 총회에 들어오지 못하리라. (신 23:3)

그러나 보아스는 "룻, 당신의 처지가 딱하지만 당신의 조상이 우리 조상을 모욕했으니 나도 성경적으로 당신에게 똑같이 대할 수밖에 없소"라고 말하지 않는다. 그는 율법을 성취하기 위해 율법의 요구보다 더 큰 친절을 베풀며 그 법을 거스른다. 룻과 보아스는 하나님이 즐겨 행하시는 것을 행한다. 떡을 나누는 일이다.

이것이 모든 것보다 우선한다.

곡물을 베푼 보아스의 관대함은 더 큰 관대함의 전조가 된다. 보아스는 룻과 결혼하고 그의 씨를 나누어 더 큰 열매를 맺는다. 룻이 아기를 낳는데, 그 아들은 장차 룻의 첫 남편의 고국을 구속하게 되고 나오미의 장래를 보장하게 된다. 룻은 나오미에게 아낌없는 친절을 베푼다. 그녀는 원하는 사람이면 누구와도 (보아스가 "젊은 자"라고 말하는 걸 보면 그 자신은 약간 늙었음을 시사한다) 결혼할 수 있었으나 **나오미의 유익**을 위해 보아스와 결혼한 것이다.

룻이 청혼하려고 보아스에게 접근할 때 그의 겉옷을 자기에게 덮어달라고 요청한다. 이것은 외설적인 행동이 아니다. 오히려 보아스가 앞서 룻에게 베푼 복을 상기시키는 말, "당신의 날개를 펴 나를 덮어 달라"는 말에 가깝다.

> 이스라엘의 하나님 여호와께서 그의 날개 아래에 보호를 받으러 온 네게 온전한 상 주시기를 원하노라! (룻 2:12)

보아스의 날개, 하나님의 날개. 이 둘을 비교해보면 보아스가 하나님의 일을 하고 있음을 알게 된다. 그는 룻의 보호자가 되기로 동의한다. 룻 역시 이스라엘의 하나님이 자기 백성의 손을 통해 일하신다는 점을 이해하는 듯하다. 물론 그녀도 그 통로가 될 수 있다.

하나님이 직접 빵을 주셨듯이 이번에는 다른 무엇을 직접 주신다. 임신을 허락하여 아기를 낳게 하신 것이다. 그가 바로 "네 생명의 회복자이며 네 노년의 봉양자"인 오벳이다(룻 4:15). 오벳은 훗날 다윗의 조부가 되고, 다윗의 집안에서 온 세상을 위한 생명의 떡인 예수가 출생한다.

배고픈 자에게 양식을

룻에 비춰보면 배고픈 자에게 양식을 줄 의무는 바로 하나님의 일을 수행하는 것임을 알 수 있다. 외국인에게—심지어 불법체류자에게도—양식을 주는 일은 의로운 행위다.[38]

우리가 할 수 있는 일은 무엇일까? 내가 방금 묘사한 시스템은 너무도 크고 강력해서 대규모 탐욕과 학대를 생각만 해도 우리가 압도당하기 쉽다.

오늘날 식품 생산의 모든 과정에 그토록 많은 고통과 불의가 만연해 있는데 어떻게 우리가 "즐겁게 먹을" 수 있을까?

맨 처음 할 일은 가난한 자의 이야기에 우리의 귀와 눈과 마음을 여는 것이다. 당신이 가난하지 않고, 가난했던 적이 없거나, 가난한 사람을 모른다면, 양식이 떨어지기 전에 수입이 없어지는 것이 어떤 것인지 이해하기 어렵다.

잠언은 이렇게 말한다.

> 의인은 가난한 자의 사정을 알아주나 악인은 알아 줄 지식이 없느니라.
> (잠 29:7)

가난을 머리로만 아는 것은 별로 도움이 안 된다. "알다"란 뜻의 히브리어 단어는 친밀한 지식의 개념을 담고 있고 개입하는 일을 함축한다. 우리가 식사기도를 할 때 음식물이 밥상에 오르기까지 수고한 이들을 위해 기도하는 것도 적절하다. 그들을 마음에 품고 하나님께 올려드린다면 우리가 그들의 고통에 무감각해지고 무지한 가운데 그 수고의 열매를 먹을 수 없을 것이다.

가능하면 기쁨의 장소에서 온 음식을 찾는 것이 바람직하다. 직거래 시장을 찾아가거나 생산자와 만날 수 있는 프로그램에 가입해도 좋다. 야외 도축장처럼 눈에 보이는 곳은 충분히 믿을 만하다 (반면에 우리 할머니가 경고했듯이 "닫힌 문 뒤에서" 쇠고기를 분쇄하는 정육점에서는 사지 않는 게 좋다). 그리고 누가 식품을 공급하는지를 알면 하나님과 그분의 피조물을 존중하는 경로를 통해 당신에게 도달하는지 여부를 알 수 있다.

우리가 선택하는 식재료에 관해 배우고 윤리적 선택을 내리는 데 인터넷을 매우 유용하게 사용할 수 있다. 검색 창에 "식품 정의" 또는 "공정 식품"을 검색하면 유익한 자원을 많이 찾을 수 있다. 소비자에게 위생적이고 공정하게 생산된 식재료를 알려주는 블로그도 많다. 기독교 단체인 "브레드포더월드"는 국내외 굶주린 자들을 위해 로비를 하고, 그들이 내는 출판물에는 엄청난 양의 정보가 기록돼 있다. 식품 정치를 둘러싼 이슈—식품 로비, 영양 표준, 농업법 등—를 눈여겨보면 식료품 구매 시 현명한 선택을 할 수 있을 뿐 아니라 가장 취약한 우리 이웃을 책임지고 보호하는 입법을 촉구하여 민주적 과정에 영향을 미칠 수 있다.[39]

새로운 수도원 운동을 주창하는 셰인 클레어본(『믿음은 행동이 증명한다』의 저자)이 필라델피아 켄싱턴으로 처음 이사했을 때는 "[그] 동네에서는 샐러드보다 총을 구하기가 더 [쉬웠다]." 그러나 오늘날은 그렇지 않다. 심플웨이 공동체가 예수의 이름으로 공터와 콘크리트 정글 한복판에 정원을 만들고, "식품 사막"(신선한 음식을 구매하기 어렵거나 그런 음식이 너무 비싼 지역—옮긴이)에 신선한 음식을 가져오고, 도시와 정원을 모두 사랑하는 하나님을 증언했다. "성경 이야기는 계시록에서 정원(동산)이 하나님의 도시를 대체하는 모습, 생명의 강이 도시 중앙을 가로지르고 생명나무가 도시

콘크리트를 관통하는 이미지로 끝난다."[40]

당신의 이웃—지역적 차원과 세계적 차원의—에 비추어 당신 나름의 식습관을 개발하라. 그리하면 당신의 상황에 맞춰 "모든 사실을 고려하면서도 즐겁게"[41] 먹는 식생활을 가능케 하는 방법을 찾을 수 있으리라. 실질적으로 말하자면, 나는 가능하면 패스트푸드 체인점에 돈을 쓰지 않으려고 노력한다. 우리 가족이 외식을 할 때는 자영업자가 운영하는 식당을 이용한다. 그리고 내가 알기로 기업 운영방식이 훌륭한 회사들을 지원하기 위해 여분의 돈을 기꺼이 사용한다. 요리하고 빵을 만들 때도 최대한 사전 준비 없이 "맨 처음부터" 시작한다. 당신이 손수 만드는 경우에는 기성 식품을 사서 먹을 때와 반대로 먹을거리의 내력을 잘 파악할 수 있기 때문이다.

그런데 시간과 돈과 교육 등의 이유로 많은 이들은 그런 선택을 내릴 수 없다. 그러면 선택권이 있는 사람들은 어떻게 모두가 더 잘 먹을 수 있도록 할 수 있을까? 폭넓게 보면, 당신의 지역구 의원이 "상업용 작물"—탄산음료와 튀김의 재료로 가공되는 옥수수와 대두—에 대한 정부 지원을 끝내라고 종용하도록 그를 지지하는 것도 좋다. 또는 적어도 공평한 경쟁의 장을 만들고 채소와 과일 같은 직거래 식재료를 생산하는 농부들에게 비슷한 지원을 제공하는 것도 바람직하다. 예컨대, 2009년 정부 농촌 지원금의 불과 5퍼센트만 신선한 농산물 생산을 지원하는데 사용됐다. 대다수는 우리에게 질병과 과체중을 안겨주고 노동자에게 상처를 주는 식품의 생산을 돕는 데 투자됐다.

당신이 소규모로 할 수 있는 일도 있다. 당신이 사는 지역에서 어려운 사람들에게 알맞은 건강식품과 신선한 식료품을 제공하는 푸드뱅크를 후원하는 일이다.[42] 우리 교회의 푸드뱅크는 주로 라틴 아메리카 출신을 섬기고 있다. 대체로 이들은 박스 포장된 맥앤치즈보다는 통조림 콩이나 말린 콩, 또띠야를 만드는 데 필요한 옥수수 가루 등을 더 많이 찾는다. 이에 덧붙여 교회 부엌을 활용해 어린이와 어른들에게 무료 요리 강습을 제공하면 지금보다 더 많은 사람이 손수 요리하는 효과를 얻을 수 있다. 여러 연구에 따르면 기본 요리 강습이 식생활의 질을 높여주는 한편 식료품 예산을 줄이는 효과를 발휘한다고 한다.

우리 주변에 있는 이민자 노동자들, 제대로 먹지 못하는 사람들, 가장 값싼 식료품밖에 구매하지 못하는 가족들, 마을에 코카콜라는 있으나 깨끗한 물이 없는 굶주린 아이들, 이들의 얼굴 안에서 우리는 예수님을 봐야 하고, 룻과 보아스처럼 그분을 섬겨야 한다. "율법"이 요구하는 것 이상으로 관대하게 베풀고 창의성을 발휘하고 풍성하게 사랑하는 삶이 필요하다는 뜻이다.[43]

식사 기도

정확한 중량과 공정한 계량의 하나님
내가 먹는 음식을 수확한 손길을 기억하게 하소서
기도 중에만이 아니라 장터에서도, 값을 흥정하지 않게 하소서
또 한 사람이 굶주리지 않도록.[44]

많은 이들 굶주리는 세상에서 양식을 주셔서
많은 이들 두려워하는 세상에서 믿음을 주셔서
많은 이들 홀로 걷는 세상에서 친구를 주셔서
주님께 감사합니다. 아멘.[45]

아 하나님, 우리가 이제 받을 이 양식을 축복하소서.
배고픈 자들에게 떡을 주소서.
떡을 가진 우리는 정의에 굶주리게 하소서.
—니카라과의 기도문

하나님이여, 이 음식 먹는 자를 축복하소서.
이 음식이 밥상에 오르기까지 수고한 모든 이들을 축복하소서.
우리를 먹이시는 그리스도께서 모든 영광을 받으시길, 영원히. 아멘.
—아르메니아의 기도문[46]

실천하기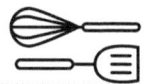

1. 지역사회에서 실천하는 구제 프로그램 찾아보기

그 프로그램에 참여하면 도움받는 이들의 존엄과 건강, 기쁨을 증진시키기 위해 노력할 수 있을 거예요.

2. 식비를 줄여 구제를 위해 사용하기

외식을 자주 한다면 횟수를 줄여보고, 집에서 비싼 음식을 자주 먹는다면 좀더 간소한 식사로 바꿔 간소한 생활을 하는 이들과 연대해보세요.

3. 교회에서 함께 "기아체험의 날" 실시하기

4. 반찬투정하지 말기

가진 것에 감사하고 당신만큼 갖지 못한 사람들에게 너그럽게 베풀어보세요.

5. 먹을거리를 생산하는 사람들과 교류하고 직접 먹을거리를 생산해보기

텃밭에 몇 가지 채소만 재배해도 음식을 대하는 태도가 달라질 거예요.

토론하기

1. 충분한 양식이 없어 배곯는 사람을 만난 적이 있나요? 그때 어떻게 반응했나요?

2. 당신은 평소에 가난한 사람들의 식습관에 대해 어떻게 생각했나요? 이 장을 읽고 도전받은 것이 있나요?

3. 초기 교회는 밥상 교제의 이상적 모습을 보여주었죠. 이와 비슷한 교회나 기독교 공동체에 관해 알고 있거나 실제로 몸담은 적이 있나요?

4. 저자는 다이어트 관련 질병이 개인의 탓인 만큼 기업체의 잘못이라고 주장하는데, 어떻게 생각하세요?

5. 아모스 8:5-6절이 오늘날의 현실과 어떤 연관성이 있나요?

6. "예수의 이름을 들은 적이 없는 사람들도 코카콜라란 이름은 알고 있다." 어떤 생각이 드세요?

7. 어떻게 개인적 조치(패스트푸드를 적게 먹는 것)와 제도차원의 조치(불공평한 지원을 중단하는 것) 간의 균형을 잡을 수 있을까요? 왜 두 가지 모두 중요할까요?

푸드 스타일리스트 메이의 행복 레시피

기름떡볶이 & 쌈

떡볶이는 소박하고 편안한 매력이 있어 여러 사람과 가볍게 나누면서 이야기하기 참 좋은 음식입니다. 집에서 만든 기름떡볶이로 나눔을 실천해 보세요. 또한 쌈채소에 간단한 고기구이를 곁들이면 많이 준비하지 않아도 넉넉하고 든든한 밥상을 대접할 수 있답니다.

재료: 떡볶이떡 300g, 양파 1개, 깻잎 10장, 기름 5큰술, 고춧가루 3큰술, 간장 2큰술, 설탕 1/2큰술, 정종 1큰술, 미림 1큰술, 후추와 참기름 조금

1. 떡을 끓는 물에 데쳐 부드럽게 해 주세요.
2. 팬에 기름을 두르고 채썬 양파와 고춧가루를 볶다가 양파를 넣어 볶고, 양파가 투명해지면 떡을 넣어주세요.
3. 간장 2큰술, 설탕 1/2큰술, 정종 1큰술, 미림 1큰술, 후추를 조금 넣어 볶다가 마지막에 참기름과 채썬 깻잎을 넣어 살짝 볶아주세요.

재료: 쌈채소, 돼지등심/안심 300g, 밑간(정종, 소금, 후추 약간), 생강(마늘 크기) 2톨, 기름 조금, 간장 1/4컵, 미림 1/4컵, 정종 1/4컵

1. 생강은 편으로 얇게 저미고, 간장, 정종, 미림을 잘 섞어서 양념장을 만들어주세요.
2. 고기에 정종, 소금, 후추를 살짝 뿌려서 간을 한 다음, 팬에 기름을 두르고 고기와 생강을 넣어 구워주세요.
3. 고기가 거의 익으면 양념을 넣어 졸입니다.
4. 양파와 숙주, 소금과 후추를 넣어 살짝 볶은 후 접시에 깔고 3의 고기를 얹어 주세요.

메이's 꿀팁! 된장 3큰술+잘게 썬 풋고추 1개+물엿과 참기름 쪼르륵+쉐킷쉐킷=대박쌈장 완성!

"우리는 날마다 음식을 먹어야 할 뿐더러
날마다 하나님 사랑을 새롭게 해야 한다"

캐스린 노리스,
『일상의 신비』(The Quotidian Mysteries)에서

3장. 함께하는 밥상

밥상은 어떻게 우리를 한 자리로 모아주는가

홀로 하는 식사가 항상 나쁜 것은 아니다.

집에서는 식사 시간에 많은 사람이 한꺼번에 얘기하고 아이들이 음식을 놓고 실랑이를 벌이는 등 무척 소란하기 때문에 나는 때때로 조용히 홀로, 책이나 노트북과 함께 음식을 먹곤 한다.

현대식 편의가 가져온 호사다. 옛날에는 1인용 식사를 준비하려고 불을 피운다거나 간식용으로 남은 음식을 데우는 것을 상상도 못했을 것이다. 점화용 스토브, 냉장고, 전자레인지 등 덕분에 홀로 밥먹는 일이 쉬워졌다(1인용 냉동식품이나 대체식품은 말할 것도 없다).

식당에서 홀로 밥먹는 사람을 보면 언제나 내 마음이 안쓰러웠다. 종업원으로 일하던 시절을 돌이켜보면 그런 사람이 혼자 있고 싶어 할 때도 있지만 내게 말을 걸고 싶어 하는 경우가 더 많았다.

집에서 먹을 때보다 외식을 하면 외로움을 "덜" 느끼기 때문일 것이다. 사람은 공동체를 위해 지음을 받았고 그 부분적인 의미는 다함께 먹는다는 데 있다.

인류학계와 생물학계는 음식과 그 준비가 가족의 토대이자 문화의 기초라고 설득력 있게 주장해 왔다. 수렵채집인의 경우 충분한 칼로리를 섭취하려면 모종의 노동 분업이 필요해서 수렵인은 짐승을 죽이고 다른 이들은 그것을 요리해야 했을 것이다.[1] 재미있는 다큐멘터리 "맥주가 어떻게 세상을 구했는가"(How Beer Saved the World)는 농업이 인간 문화의 토대를 이룬 경위를 보여준다. 곡물의 준비, 나눔과 교환(맥주의 형태로)은 요리학과 밥상 전통은 말할 것도 없고 예술과 법과 경제에 기초를 놓아주었다.

모든 문화는 고도의 행사로부터 일상의 밥상에 이르기까지 음식을 "강력한 사회적 요소"[2]로 중시한다. 어떤 곳에서는 약혼한 커플이 결혼식 전에 함께 밥먹는 일을 부적절하게 간주한다. 이런 문화에서는 결혼식 행사의 일부인 전통적인 식사가 그 커플의 연합과 헌신과 상호 배려의 약속을 가리키는 강력한 표시다. 행사와 상관없이 음식—음료수, 땅콩, 치즈, 반주 등—을 함께 먹는 일은 모든 문화에서 환영과 우정을 나타내는 중요한 표시다. 우리는 새로 사귄 사람을 좀더 알고 싶을 때 "언제 밥 한번 먹어요"라고 말한다.

영어 단어 companion(동반자)의 어원은 라틴어 "com"(함께)과 "panis"(빵)이다. 동반자란 당신의 빵을 함께 먹는 사람이란 뜻이다. 음식은 몸의 성장에 필요할 뿐더러 관계를 형성하는 것인 만

큰 다함께 먹는 일은 보편적으로 중요한 인간 활동이다. 얼핏 음식과 무관한 듯 보이는 행사, 예컨대 독서 모임 같은 데서 음식이 어떤 역할을 하는지 생각해보라. 음식은 함께 모이는 지점을 제공하고 서로 관계와 신뢰를 쌓는 구심점이 된다. 예수님은 공동식사에 특별히 중요한 의미를 부여하신 듯하다. 그분의 밥상 교제는 사복음서의 중요한 부분을 형성하고 있고, 그의 제자들은 이를 확장시켜 교회의 공동생활의 중요한 일부로 삼았다.[4]

특히 마태, 마가, 누가복음을 보면 예수님이 온갖 수상한 인물들과 자주 음식을 먹는 바람에 바리새인의 비판을 받았다. "어찌하여 [예수는] 세리 및 죄인들과 함께 먹는가?"(막 2:16). 죄인들과 함께하는 밥상, 곧 "[그들이] 예수님과 맺은 새로운 관계를 표출하는 일"[5]은 사복음서에 반복해서 나온다. 더 나아가, 예수님은 제자들에게 자기가 행한 대로 행하라고 가르치신다. 잔치에 "가난한 자들과 몸 불편한 자들과 저는 자들과 맹인들을"(눅 14:13) 손님으로 청하라고 하신다. 이런 사람들이야말로 세상적인 유익이나 명성의 견지에서 주최자에게 되돌려 줄 것이 없기 때문이라고 하면서.

이 잔치로의 초대는 무료 급식을 위한 티켓이 아니다. 그것은 공동식사에 동참하라는 초대로서 모세 율법의 확장판임이 거의 확실하다. 칼뱅은 신명기 15장에 대한 설교에서 이렇게 말한다.

> 하나님께서 우리에게 은혜를 베푸신 것처럼, 우리도 그분이 우리에게 주신 이웃에게 선을 행하여 그분께 그것을 고백하도록 하자. 따라서 우리는 그들

의 결핍에 눈을 감지 말고, 우리의 풍요에서 그들을 배제시키지 말고, 온유하게 그들도 우리와 함께하는 이들이 되도록, 뗄 수 없는 유대로 다함께 묶여 있는 자들이 되도록 하자.[6]

다함께 음식 먹는 일은 초기 교회 당시 공동생활의 중요한 일면이었다. 그리스도와 그리고 서로서로 하나가 됐음을 보여주는 강력한 상징이었다. 가장 가난한 자, 가장 약한 자, 가장 취약한 자와 함께 먹는 것은 초기 성만찬 식사의 본질적인 면이었다. 이 점은 유명한 고린도전서 11장에 강조돼 있고 야고보서에도 암시돼 있다.

예수님이 죄인 및 평판 나쁜 부류와 음식을 먹는 일은 상징적인 행동에 그치지 않았다. 그 행습은 그가 선포한 평화와 평등과 연합을 구체적으로 실천하는 행위였다. 그리고는 제자들에게 그와 똑같이 행하면 축복과 보상이 있을 것이라고 말했다. 과거에는 도무지 생각도 못했던 일, 곧 이방인이 유대인과 함께 먹고 마시는, 열린 교제를 하도록 격려한 것이다.

사도행전 10장에서 베드로는 배가 고파 무언가를 먹고 싶었지만 함께 있는 자들이 무두장이들이라 "불결했다." 그는 기도하러 지붕에 올라갔는데, 예수의 영이 그에게 환상을 보여주며 하나님이 모든 음식을 깨끗하게 만들었다고 일러주었다. 그는 평생 정결한 음식만 먹었지만 그리스도의 영에 이끌려 이방인 고넬료의 집에 가서 밥상 교제를 나누고 예수 안에서 모든 인종이 평등하다는 좋은 소식을 전한다.

베드로가 입을 열어 말하되, "내가 참으로 하나님은 사람의 외모를 보지 아니하시고 각 나라 중 하나님을 경외하며 의를 행하는 사람은 다 받으시는 줄 깨달았도다." (행 10:34-35)

이것이 얼마나 급진적 행위인지를 우리는 이해하기 어려울 것이다. 베드로는 지금 그리스도를 위해 평생의 식습관—그의 정체성에 상당하는 것—을 포기하고 자기가 항상 "불결하게" 간주했던 사람들과 연합하는 중이다. 얼마나 획기적인 사건인가! 이것은 채식주의 요리사가 다른 유명 요리사와 함께 핫도그를 먹는 것만큼 충격적이다. 또는 필립 얀시가 말하듯이, 알코올로 가득한 술집이 남 침례교도들의 모임 가운데로 내려오는 순간 하늘로부터 "마시라!"는 목소리를 듣는 것과 비슷하다.[7]

초기 기독교 저자들은 다른 배경을 가진 사람들과 음식과 삶을 나누는 일이 참된 기독교 신앙의 "증거"라고 주장했다. 그들의 확신에 따르면, 예수님이 가르친 열린 환대를 실천하는 일은 곧 그리스도를 손님으로 환영하는 것을 의미했고—그리스도께서 친히 마태복음 25장에서 가르치시듯—, 그들의 행위는 "평등과 변화된 관계, 공동생활에 관한 메시지를 명백히 표현하는" 것이었다.[8]

그런데 신학자 크리스틴 폴에 따르면, 정기적으로 음식을 나누고 "지극히 작은 자"와 함께하는 기독교의 중요한 도덕적 행습이 교회 역사상 비교적 일찍 사라졌다고 한다.[9] 오늘날 교회가 가난한 자에게 양식을 주는 경우는 보통 무료 급식과 음식 나눔 같은 사역의 맥락에서 볼 수 있다. 사회 계층, 배경, 지적 능력 등의 경계를 넘어 정기적으로 함께 밥먹는 행습을 실천하는 단체는 무척 드문 편이다. 가장 좋은 본보기는 장 바니에가 설립한 라르쉬 공동체일 것이다. 바로 이런 나눔이 예수님의 이상에 가장 가깝다.

고등학교 시절에 있었던 일이다. 한 집에 살던 지적 장애를 가진 성인 대여섯 명이 우리 교회에 다니기 시작하더니 어느 날 우리 가족을 점심식사에 초대했다. 파스타, 마늘빵, 샐러드가 준비돼 있었다. 나는 목사의 외동딸인지라 "지겨운" 식사에 초대받은 적이 많았다. 그런데 이번 식사는 전혀 지겹지 않았다. 도움이 필요한 성인들, 심지어 턱받이가 필요한 어른들이 음식을 썰고 먹는 모습이 열두 살짜리가 보기엔 조금 안쓰러웠지만 내 눈길을 사로잡았다. 가장 기억에 남는 것은 우리가 방문한 덕분에 웃음꽃이 피고 무척 행복해했던 광경이다. 아니, 나는 가끔 친구 집에 가서 자는데 이들은 날마다 그렇게 지내는 친구들이니 얼마나 좋을까 하는 생각이 들었다. 우리가 함께한다는 이유로 주최측이 그토록 기뻐했던 경우가 다시는 없었다. 밥을 먹고 나서는 노래도 부르고 앨범도 구경했으며, 뇌성마비와 지적 장애가 있는 앨런은 폴 매카트니를 얼마나 사랑하는지, 마치 자기가 폴 매카트니인 것처럼 느낄 정도였다. "보여요?" 하면서 비틀즈의 사진을 가리켰다. 그리고는 공모라도 한 듯 "저게 나에요" 하고 말했다. 아무도 우리가 떠나기를 바라지 않았다. 서로 포옹도 많이 하고 미소도 많이 짓고 "꼭, 꼭 다시 오세요!" 하는 소리가 귓전을 때렸다.

폴은 이렇게 쓴다. "사람들이 다함께 자리에 앉는 식사 시간

이야말로 다른 이들을 **위해** 무언가를 행하기보다 그들과 **함께하는** 가장 분명한 시간이다."[110] 어쨌든 글로바와 다른 제자가 예수님의 부활한 몸을 알아본 것은 예수님이 떡을 떼는 순간이 아니었는가? 내가 아이들을 부모님께 맡기기로 하고 외출하기 직전에 파스타와 채소를 아이들에게 줄 때와 몇 시간 동안 로스트 치킨, 샐러드, 옥수수, 신선한 롤빵과 레모네이드 등을 요리해 **다함께** 둘러앉아 그 향내를 맡으며 온갖 식감을 맛볼 때는 현격하게 다르다. 우리는 하던 일을 멈추고 같은 시간에 같은 밥상에 둘러앉아 우리 모두가 피조물임을 인식하며 즐겁게 필요한 음식을 먹는다. 똑같은 음식이 우리 각자의 몸속에 들어가 세포를 만들고 문자 그대로 우리의 일부가 된다. 우리는 함께 웃고 얘기하며 추억을 만들고 서로에게 좀더 가까워진다. 기억에 남을 만한 식사는 몇 주가 지나도 머릿속에 떠오를 것이다. 밥상에서 쉴 새 없이 떠들기도 하고, 음식을 씹는 소리만 들릴 때도 있다. 어쨌든 신비롭게도 우리는 떡을 떼는 동안 서로에게 묶여 있음을 느낀다.

그리고 그리스도께서 우리와 함께 계신다.

그런데 **어떤 음식이든** 이제는 다함께 먹는 경우가 줄어드는 추세다. 이제는 홀로 급히 먹어치우는 것이 보통이다. 몇 년 전 BBC 사설에서는 영국의 경우 모든 식사의 절반이 **홀로** 먹는 식사인 것으로 나타났다고 밝혔다.[111] 갈수록 1인 가구가 늘어날 뿐 아니라 즉석 식품을 **어디서나** 살 수 있기 때문이기도 하다. 미국에서는 홀로 먹는 식사가 얼마나 되는지 모르지만 자녀들이 부모와 함께 밥먹는 횟수가 꾸준히 줄고 있다는 연구결과가 결코 적지 않다. 수년 전의 통계에 따르면, 십대의 3분의 1이 매주 부모와 함께 예닐곱 번 식사를 하고, 또 다른 3분의 1은 매주 세 번 이하라고 했다.[12]

만일 공동식사가 인간됨의 일부라면, 그리고 우리와는 다른 이들과 밥상 교제를 나누는 일이 예수님의 복음을 실천하는 일이라면, 가족끼리의 식사조차 줄어드는 현상은 우리의 전반적인 건강—영적, 신체적, 정서적—에 대해 무엇을 말해주는가?

혼밥은 외로워

독일 음식 영화 "벨라 마르타"에 나오는 뛰어난 요리사 마르타 클라인은 직업인으로선 지나치게 세심하지만 인간적으로는 엉망진창이다. 고객이 그녀의 음식을 비판하면 격분하고, 욱하는 성격도 있으며, 주방 팀에게 까다롭고 냉담하다. 일하다가도 성질과 몸을 식히려고 여러 차례 대형 냉장고로 들어가는 장면이 나온다. 식당 사장의 권유로 매주 심리치료를 받긴 하지만 자기 생각과 느낌에 대해 얘기하길 거부한 채 치료사에게 자기가 만들어낸 요리에 대해 자세히 늘어놓곤 한다. 때로는 치료사의 반대에도 불구하고 그를 위해 요리를 하기도 한다. "마르타, 당신이 나와 함께 앉아 먹기만 해도 우리에게 약간의 진전이 있다고 생각할 수 있을 거에요." 하지만 그녀는 거부한다.

영화 전반부에는 마르타가 음식을 먹는 장면이 전혀 나오지 않는다. 식당 종업원들이 밥을 먹는 동안 그녀는 식탁에 앉아 책을 읽고 있다. 아무 것도 먹지 않고 대화에 참여하지도 않는다. 집에서 훌륭한 음식을 요리하고도 그것을 먹지 않는다. 먹으려고 앉았다가도 아래층 아파트에서 흘러나오는 음악을 듣고 거기로 내려가 새 이웃에게 인사하며 먹을 것을 주겠다고 말한다. 그 남자는 당황한 표정으로 "지금 저녁식사에 초대하는 건가요?"하고 묻는다. "아뇨! 당신이 배고프면 먹을 것을 가져다준다고요"하고 소리친다. 그는 정중하게 거절하며 다른 때에 그녀와 함께하면 좋겠다고 대꾸한다. 그녀는 음식을 제공할 수는 있어도 관계 맺는 것―함께하는 것조차―은 허용할 수 없다.

마르타의 언니가 자동차 사고로 죽는 바람에 마르타는 여덟 살 된 조카 리나를 돌보게 되고, 그러면서 마르타의 고립 상태가 뚜렷이 부각된다. 사고 직후 입원한 조카를 방문했을 때 의사가 마르타에게 리나가 그동안 음식을 먹지 않았다고 알려준다. 마르타는 맛없는 병원 음식을 흘긋 본 뒤에 리나에게 퇴원하면 최고의 음식을 만들어주겠다고 약속한다. 리나는 마르타가 무언가 감추고 있음을 알아채고 "엄마 돌아가셨지요?"하고 묻는다. 마르타가 "그렇다"고 대답하자 리나는 고개를 벽 쪽으로 돌린다. 한동안 침묵이 흐른다.

리나는 마르타와 함께 살게 되고, 슬픔과 절망에 빠진 채 몰래 돌아다니며, 아무 말도 하지 않고 아무 것도 먹지 않는다. 어느 날 저녁 리나를 돌봐줄 사람이 나타나지 않는 바람에 리나가 마르타의 식당 주방 주변에서 놀아야 할 처지가 되었다. 마르타는 리나의 단식 투쟁 때문에 이골이 날 지경이었다. 주방 보조 하나가 새로 들어왔는데 그의 이름은 마리오. 열정이 많은데 말도 많아 마르타는 그를 멸시한다. 그런데 마리오가 우연히 마르타가 중얼거리는 말을 듣고 리나에게 다가가 음식을 먹이게 되고, 이렇게 리나(와 마르타)의 건강이 회복되는 계기가 된다.

리나는 마르타에게 마리오를 저녁식사에 초대해도 좋을지 물어본다. 마르타는 마지못해 허락한다. 자신이 요리하겠다는 마르타에게 리나는 "아니, 마리오가 요리하면 좋겠어…나 이탈리아 음식 좋아"라고 답한다. 저녁이 되자 리나와 마리오는 (자기들끼리 약속한 대로) 부엌문을 잠그고 둘이서 음식을 준비한다. 마리오는 만찬을 준비하다 엉망진창을 만들고, 마르타는 그 광경에 기가 막혀한다. 마침내 세 사람은 소풍용 담요에 앉아 다함께 음식을 먹는다. (이 장면에서 처음으로 마르타가 먹는 장면이 나온다.) 리나가 잠든 후에는 마르타와 마리오 사이에 심상치 않은 분위기도 감지된다 (음?). 마리오가 집으로 돌아간 뒤 마르타는 어수선한 부엌을 청소하더니 평소의 자신답지 않은 행동을 한다. 냉장고로 돌아가 접시에서 곧바로 디저트를 한 숟갈 떠먹더니 미소를 짓는 것이다!

이때부터 마르타는 다른 사람들과 함께 먹는—그리고 사랑하는—법을 배운다. 영화가 마지막으로 치료를 재개한 자리에서 치료사가 특별히 그녀를 위해 만든 케이크를 먹는 모습이다. 예전과 달리 그들은 치료용 소파에 같은 수준으로 함께 앉아 있다. 결국 그녀는 건강을 회복하게 된다.

타인과 음식을 먹는 것은 우정의 상징, 소속감의 표현, 상호 신뢰의 표시 이상의 의미가 있다. 그것은 우리를 먹이시는 하나님에 대한 의존뿐만 아니라 다른 인간과의 연줄을 나타내는 살아 있는 은유다. 이디스 쉐퍼는 『태피스트리』(The Tapestry)에서 남편 프랜시스가 신학생이고 자신이 집에서 재봉사로 일하던 시절, 그녀가 아파트를 떠나지 않을 것임에도 날마다 똑같은 도시락을 두 개 만들었다고 한다. 그녀는 남편이 맛보는 것을 똑같이 맛보고 싶었고 "저녁이 되면 느낄 배고픔"을 똑같이 느끼고 싶었다. 따로 먹더라도 똑같은 점심을 먹는다는 것은 "떨어져 있어도 함께하는" 한 가지 방법이었다.[13] 함께 먹으면 즐거운 사귐이 있을 뿐 아니라 다함께 신체적 필요를 채우고, 잘 먹고 있는지 살피고, 서로를 풍성하게 한다. 아무리 유명한 요리사라도 이 점을 쉽게 지나치곤 하는데, 바로 음식이 **관계**를 창조하고 유지해준다는 사실이다.

음식과 가족, 그리고 신앙 공동체

나의 아버지는 셀리악병이라는 희귀병을 앓고 있어서 평생 글루텐이 함유된 음식을 못 드신다. 빵이나 피자, 케이크, 과자, 파스타뿐 아니라 맥주나 간장조차 아버지에게 해롭다. 죽을병은 아니긴 하지만 아버지는 뉴욕 피자를 그리워하신다. 그러나 그보다 더 그리워하는 것은 다른 사람이 먹는 음식을 모두 먹을 수 있었던 시절이다. 이탈리안 레스토랑이나 슈퍼볼 파티나 포틀럭(서로 음식을 가져와 먹는 식사—옮긴이) 디너에서는 먹을 수 있는 것이 거의 없고, 친구들과 함께 음식을 먹을 때 왜 이런저런 것을 못 먹는지 설명하려면 무척 불편하기 때문이다. 아버지는 지금도 예전에 교회 포틀럭에서 권사님들이—이제 그분들은 돌아가셨거나 너무 나이 들어 요리를 못하게 되셨다—자신들의 레시피를 응용해 글루텐 없는 음식을 만들어 "목사님을 위해"라는 표지를 붙여놓았던 때를 생각하시며 눈시울을 붉히시곤 한다. 그러면서도 아버지는 새어머니가 자신을 배려한 밥상을 차려주지 않아서 모두가 "맛있는" 식사를 하는 동안 상추나 감자튀김 같은 것으로 배를 채워야 했던 쓰라린 기억도 떠올리곤 한다.

우리가 다함께 먹을 때 나는 모두가 먹을 만한 식사를 준비하려고 무척 애쓴다. 가령, 파스타를 먹게 되면 보통 파스타와 글루텐 없는 파스타를 요리하되 아빠의 음식이 다른 사람의 것과 비슷하게 보이도록 모양까지 맞추려고 신경을 쓴다. 약간 우습게 들릴지 모르겠다. 어쩌면 "가족은 저녁에 똑같은 음식을 먹는 집단"[14]이라는 노라 에프론의 말을 내가 진지하게 받아들인 탓인지도 모른다.

홀로 음식을 먹는 추세는 온갖 측면에서 해로움을 나타내는 증거가 점점 많아지고 있다. 혼자 식사를 할 때는 너무 많이 먹거나 너무 적게 먹고, 형편없는 음식을 먹고, 먹는 즐거움이 감소하는 경향이 있다. 자녀가 가족과 함께 자주 먹을수록 더 행복해진다는 사실을 입증하는 연구결과도 무수히 많다. 가족과 규칙적으로 식사하는 아이들은 균형 잡힌 건강식을 하게 될 뿐 아니라 학교 생활도 더 잘하고, 친구관계도 더 원만하고, 식이장애에 걸릴 가능성이 줄고, 약물이나 담배, 술을 쓸 확률도 더 낮다.

밥상 교제는 모든 문화에서 본성적으로 활력의 중심이 된다.

이를 감안하면 기독교 역사 내내 공동식사가 "모든 공동체의 중심이고…공동체 생활을 유지하는 중심요소이며 낯선 자를 환영하는 행습"[115]이었다는 것은 결코 놀랄 일이 아니다. 궁핍한 자에게 양식을 주라는 예수님의 권면과 본보기를 따르려 한다면, 밥상을 이용해 함께 사는 사람과 연결되고 또 타인에게까지 손을 뻗고 거할 곳을 제공해 줄 수 있어야 할 텐데, 집에서 시작하는 것이 가장 좋을 것이다. 그런데 복음서와 사도행전을 읽어보면, 예수님을 따르는 이들로 이뤄진 하나님의 가족은 피가 섞인 친척이 아니어도 **마치 친척인듯** 서로 사랑하고, 함께 식사를 나눈다.

조디 칸토는 오바마 전기에서 오바마 대통령도 가족과의 저녁식사를 일주일에 두 번 이상 거르지 않기로 했다고 한다. "특수한 상황을 제외하면 일주일에 두 번이 마지노선이었다." 여행, 축하 행사, 기금마련, "업무상 저녁식사" 등은 미셸과 사샤와 말리아와 함께하는 식사에 밀렸다.[116] 이처럼 한 나라의 지도자가 아내와 자녀들과 밥을 먹기 위해 정치적이고 사회적인 약속을 기꺼이 내려놓는다면, 우리들 역시 충분히 그렇게 일정을 조정할 수 있을 것이다. 아울러 오늘날 아이들은 방과후 활동이 많긴 하지만 매주 여러 번에 걸친 가족과의 식사에 비중을 두면 식사 시간을 피해 다른 일정을 잡는 것이 얼마든지 가능하다.

다른 곳에선 일어날 수 없지만 밥상을 중심으로 일어나는 일이 많이 있다. 무엇보다 밥상에서는 자녀들이 가족의 유대를 깊게 느끼게 된다. 가족 밥상은 떡을 떼는 가운데 서로에게 그리고 하나님에게 연합돼 있음을 경험하는 일종의 성찬이다.

몸을 분별하는 일

바울이 고린도전서 11장에서 말한 성찬식 본문—"주의 몸을 분별하지 못하고 먹고 마시는 자는 자기의 죄를 먹고 마시는 것이니라"(29절)—은 떡과 포도주가 그저 떡과 포도주에 불과하지 않고 실제로 그리스도의 몸을 상징한다는 견해와 관계가 있다고 나는 늘 생각했다. 그러므로 만일 당신이 떡과 포도주를 움켜잡고 아무 간식과 음료처럼 먹고 마신다면 심판이 있을 것이다.

그러나 실은 이 본문이 **다함께** 음식을 먹는 것과 더 관계가 있다. 바울은 이렇게 말한다. "아니, 어떤 사람들은 밥 한 끼 겨우 먹을까 말까하는데, 교회가 과식하고 술 취하면 쓰나?" 문제는 함께 나누지 않는 모습과 가져올 양식이 거의 없는 가난한 신자를 부끄럽게 만드는 것이다. 다시 한 번 바울은 말하길, "이것은 주님의 만찬이 아니야. 예수님을 기념하는 올바른 방식이 아니기 때문이지." 예수님은 친구들에게 다른 이들과 나눠야 한다고 말씀하시고, 이웃의 배고픔과 목마름을 채우는 일이 적어도 우리 자신을 만족시키는 일만큼—어쩌면 그보다 더—중요하다고 가르치신다. 이는 "1인용 식사"를 강조하는 사회와 쉽게 양립할 수 없는 윤리다. 예수님과 함께 먹으려면 남들과 반드시 나누어야 한다. 배고픈 사람들을 위해—실제로, 그리고 상징적으로—자리를 만드는 일은 필수요건이다.

그리스도의 죽음과 장사와 부활은 평화와 소망과 화해를 약속했는데, 이를 선포하기 위해 음식을 함께 나누는 고대의 보편적 행습을 오늘날 되찾는 일은 얼마든지 가능하다. 먹는 데에는 여하간 시간이 든다. 함께 먹는 행위는 상상력과 창의력이 조금 더 필요하겠지만 여전히 우리가 할 수 있는 일이다. 그리스도인이 누군가를 환영하고 대접을 베푼다고 할 때 함께 밥먹는 것을 대신할 것이 있을까? 그렇기 때문에 우리는 아픈 사람, 슬픔에 찬 사람, 수술한 사람에게 음식을 가져가는 것이다. 그래서 우리가 길 잃은 아이들을 저녁식사에 초대하는 것이다. 내가 아는 어떤 사람은 택배 아저씨를 식사에 초대하기도 했다.

우리 문화는 음식 연료로 달리는 자동차와 같아서 언제나 그것을 더 빠르게, 더 값싸게, 더 수지맞게, 덜 공동체적으로 만들려고 애쓴다. 최근 학교에서 학생들에게 점심시간을 10분밖에 주지 않는다는 특집 기사를 본 적이 있는데, 인류의 초창기부터 존속되어온 그런 식습관을 어떤 틀에 박힌 반복적 행위로 만들어버리는 일은 정말 반(反)문화적 행습이 될 수 있다. 식사에는 많은 것이 필요하다. 준비하는 데 시간과 정성이 필요하고, 지속가능하고 영양가 있는 재료도 필요하고, 기쁘고 즐겁게 먹을 수 있어야 한다. 만일 우리가 우리 자신을 제대로 먹이고 가족을 비롯한 가까운 사람들과 자주 식사를 하지 않는다면, 인종과 계층과 배경에 상관없이 "이들 중 가장 작은 자"에게 밥상을 베풀라는 그리스도의 이상을 실현할 수 없을 것이다.

나는 규칙적인 가족 식사가 중요하다고 믿지만 그것으로 충분하다고 생각하진 않는다. 예수님은 우리에게 그 이상을 요구하신다고 믿는다. 주변을 돌아보아 함께 먹을 필요가 있는 사람, 사랑과 도움, 경청이 필요한 외로운 노인이나 식이장애로 인해 고생하는 사람을 찾아야 한다.

내 친구 잭이 죽기 전 몇 개월 동안 나는 토요일 저녁마다 그에게 스테이크를 갖다주었다. 그는 아흔 한 살이었는데, 사람들은 노인이 되면 입맛이 없어진다고 하지만 그는 요양원에서 주는 음식과 커피를 싫어했다. 평생 그는 스테이크, 블랙커피, 초콜릿 디저트로 이뤄진 아주 묵직한 식사를 무척 좋아했다. 그래서 내가 그런 음식을 갖다준 것이다. 그는 함께할 사람이 필요했고, 죽음에 가까워질지언정 자기가 아직도 살아있다고 느끼고 싶어 했다. 나는 소란스럽게 음식을 준비하고 크림소스와 초콜릿크림을 만든 후 접시에 얹어 요양원으로 들고 갔다. 그리고 우리는 형광등 불빛 아래 소독약 냄새와 지린내 나는 요양원에서 함께 맛있는 음식을 즐겼다. 바로 그곳에서 나는 예수님의 장례를 준비하기 위해 그분의 발에 뿌려진 향유 냄새를 맡는 듯했다.

우리 부부가 캘리포니아 농촌의 어느 소도시에서 자그마한 교회를 섬길 때 한 달에 두 번씩 모이는 포틀럭 식사 전통을 만들었다. 너무도 외딴 지역이라 사람들은 어떤 명분으로든 다함께 모여야 했다. 평소에는 누구나 공동체로 사는 법을 잊은 채 자기 집 TV 앞에서 시간을 보내기가 쉬웠기 때문이다. 92세 노인 에델은 언제나 완두콩 샐러드를 가져왔다. 주디는 인스턴트를 섞은 듯한 포테이토 캐서롤(채소와 고기를 볶아 그릇에 넣고 오븐에 구워 내는 조리법—옮긴이)을 만들었다. 그리고 형형색색의 젤리 샐러드가 항상 있었는데, 너무 인기가 좋아서 우리 부부는 거의 먹은 척만 했다. 사람들은 이 모임을 정말 좋아했다. 예배에 나오지 않는 사람들도 마지막 찬송이 끝날 때면 접시를 들고 나타날 정도였다. 그 식사는 수많은 필요를 채워주었다. 먹을거리가 부족한 사람들, 사람과의 접촉이 부족한 사람들, 가족과 친척이 멀리 떨어져 있어 다른 사람을 대접하고 함께 떠들고 청소하고 할 기회가 별로 없는 노인도 있었다. 물론 모두가 디저트를 가져온 날처럼 당혹스런 순간도 있었고, 특이한 음식이나 느끼한 요리만 너무 많은 날도 있었지만, 너무나 많은 사랑과 감사와 기쁨으로 서로 대접하고 먹고 함께 정리하는 밥상이었기에 예수님마저 가끔씩 들르지 않을 수 없었을 것이다.

우리에게는 다른 사람과 함께 음식을 먹지 못하게 하는 걸림돌이 있을 것이다. 홀로 사는 사람, 서로 일정을 맞출 수 없는 룸메이트, 요리할 시간이 없는 사람들, 집안이 지저분한 이들 등 온갖 부류가 있다. 다른 사람들을 당신 집으로 초대하는 것이 거북할 수도 있다. 그래서 예전처럼 "당신을 우리 집 저녁식사에 초대하고 싶다"고 말하기보다 차라리 식당에서 만나 밥값을 공동으로 지불하는 편이 더 쉽다.

그러나 다른 사람과 함께 음식을 먹는 일과 사람들을 당신의 집에 초대하여 그들을 위해 요리하는 일은 가치 있다. 예수님이 그랬던 것처럼 우리도 번갈아가며 손님과 주인이 될 필요가 있기 때문이다. 우리는 거북한 사람의 지저분한 집에서 거북한 식사를 할 필요가 있고, 사람들을 우리의 거북하고 지저분한 집에 초대할 필요도 있다. 그런 거북함과 지저분함 속에서 은혜가 우리에게 임하기 때문이다.

그렇다고 물건이 어지럽게 흩뜨려진 우리 집을 손님들에게 그대로 보여주고 싶다는 뜻은 아니다. 나는 손님들이 도착하기 전에 집안을 깨끗하게 정돈하길 좋아한다. 더러운 접시나 더러운 행주를 보며 손님들이 음식도 깨끗하지 않을 것이라 생각하길 원치 않는다. 내가 아이들을 챙기지 않아서 그들이 장난감을 마음대로 방치하도록 내버려둔 것을 손님들이 알길 원치 않는다. 또는 아이들이 놀거나 책을 읽는 동안 사과나 과자를 먹도록 허용한다는 사실을 알리고 싶지도 않다. 나는 내가 정리정돈을 잘 하는 사람이란 인상을 주고 싶다. 사실 우리 아이들이 말끔한 방에서 조용히 노는 동안 내가 멋진 음식을 잽싸게 준비하는 일은 식은 죽 먹기와 같았다.

그러나 실은 사람들이 완벽한 생활이나 집이나 자녀로 내게 좋은 인상을 주려는 것을 나는 좋아하지 않는다. 그들이 만일 나 자신과 내 생활, 내 집과 내 아이들의 진면목을 알게 되면 나를 좋아하지 않을까봐 우려하기 때문이다. 예전에 남편과 내가 서로 결혼하길 원한다는 사실을 알게 됐을 때, 우리는 돌아가며 가장 깊숙하고 어두운 비밀을 털어놓기로 했다. 비밀이란 우리가 가장 숨기고 싶었던 것을 말한다. 왜냐하면 우리는 서로를 있는 그대로 알고 또 용납하여 사도 바울의 말처럼 은혜가 넘치게 할 필요가 있었기 때문이다. 당신이 스스로를 손님들에게서 멀어지게 하고 그럴듯한 겉모습만 보여준다면 그런 일은 일어날 수 없다. 그렇다고 집안을 치우지 말고 맛있는 음식을 만들지 말라는 뜻이 아니다. 당신이 예수의 이름으로 따스한 마음으로 손님을 환영하면 친구를 사귈 가능성이 많다는 뜻이다. 아울러 당신도 좋은 친구가 될 것이다.

언젠가 홀로 사는 내 친구 루스가 온종일 끓인 렌틸 콩 수프를 먹으러 오라고 우리를 초대한 적이 있다. 아뿔싸, 먹을 때가 됐는데도 콩이 여전히 딱딱했다. 건조한 저장실에 너무 오랫동안 묵혀두었기 때문이다. 루스는 무척 당황했으나 즉시 우리는 이 재미있는 현실을 간파하고, 즉석에서 와플과 과일 샐러드를 만들어 풍성한 식사를 즐길 수 있었다. 만일 오븐에 불이 들어오지 않거나 스튜가 타버려서 당신의 만찬 계획이 엉망이 된다면 즉석에서 스파게티를 만들거나 식당에 주문을 하라. 스테이크를 만들다가 잘못 돼도 당신 자신과 손님을 너그럽게 대하라. 더 중요한 것은 음식의 질이나 주인 노릇이 아니라 상호간의 교제란 것을 그들도 알 것이다.

손님을 대접할 때 우리가 서로서로 베풀 수 있는 은혜는 서로에게 좋은 인상을 주고 서로 경쟁하길 그만두고 우리 모두가 놀라운 은혜를 받은 자들임을, 그리고 은혜의 잠재적 통로임을 받아들일 때에 가장 멋지게 드러난다. 사제이자 아마추어 요리사인 로버트 파라 카폰은 이렇게 썼다. "누군가 점수를 기록하고 있다는, 우리가 품은 평생의 확신이 기진하여 무너지기 전에는…은혜가 풍성해질 수 없다."[17]

그러니 화장실 리모델링이 끝날 때까지, 또는 바닥에 깔린 카펫을 세탁할 기회가 있을 때까지, 또는 여섯 코스 메뉴를 대접할 수 있을 때까지 굳이 기다리지 말라. 내가 현재 사는 집은 거의 이백 년이나 됐고 리모델링한 부분도 별로 없다. 바닥과 벽에 흠집도 많고 카펫도 보기 흉하다. 그런데도 얼마 전 나는 예배 후에 한 가정을 저녁식사에 초대하여 밥과 콩 같은 매우 평범한 음식을 대접했다. 그때 엄마인 애나가 낡고 편한 의자에 깊숙이 앉더니 "여기 있으니 마음이 편하네요"라고 과분한 칭찬을 하는 것이었다(우리 아이들이 감기에 걸려 2층에서 내 노트북으로 조용히 동영상을 보고 있었던 것도 한몫했을 테다. 건강했다면 분명히 평안을 깨뜨렸을 테니까…).

TV에서는 언제나 당신에게 손님을 위해 멋진 치장을 하라고, 멋진 물건이 필요하다고 설득하려 한다. 그러나 당신이 할 수 있는 일은 이미 알고 있는 평소의 레시피를 이용해 평범한 음식을 만들어 사람들을 초대하는 것이다. 목표는 남에게 좋은 인상을 주는 게 아니라 다함께 떡을 뗌으로써 당신의 이웃을 사랑하는 것이다. 이것이 바로 손님 대접을 실천하는 일이다. 가족과 타인을 위해 음식을 만들고 대접하고 함께 먹는 일은 자주 할수록 더 쉬워지고 더 자연스러워진다. 우리는 그동안 너무도 많은 손님을 치러서 너무도 자연스럽게 그들에게 채소를 다듬는 일과 설거지를 맡긴다. "당신은 여기에 세 차례나 왔으므로 더 이상 손님이 아니죠. 이제는 가족이 됐으니 설거지를 해줄래요?"

당신이 편한 사람만 초대하지 않고 대상을 더 넓히게 되면 예수님도 손님의 모습으로 나타나는 것을 보고 놀랄지도 모른다.

식사 기도

당신이 주시는 그 모든 자연과 은혜의 선물을 위해, 건강과 힘을 위해
가정들과 가족을 위해, 참된 친구들과 지혜로운 선생들을 위해
이생의 모든 복과 더 나은 내생의 소망을 위해 기도합니다. 아멘.
―스코틀랜드 교회 기도문에 기초한
굿 그레이시스(Good Graces)에서 발췌한 기도

주 예수님, 우리 손님으로 오소서. 이 양식이 당신의 축복을 받게 하소서.
우리 영혼이 당신의 양식을 먹게 하소서.
언제나 살아 있는 떡으로. 아멘.

창조의 하나님, 우리 몸에 필요한 양식을 주셔서 감사합니다.
당신의 뜻을 행하게 하는 양식도 우리에게 주시고
모두와 함께 창조의 열매를 나누게 하소서.
우리 주 예수 그리스도를 통하여. 아멘.

우리 모두 하나님이 주신 풍부한 선물로 인해 감사를 드립시다.
주님은 날마다 그 인자하심으로 우리를 풍성히 먹이시는 분이니
우리가 하나님 나라를 기다리고 바라는 중에
우리를 그분의 종으로 삼기 위함입니다. 아멘.
―아르메니아의 기도문

실천하기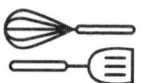

1. **현실적인 식사 계획 짜기**

   식사 계획은 현재 상황에 맞게 시작하세요. 저녁밥을 가족과 함께 매주 두 번 먹고 있다면 의도적으로 한두 번 더 늘리려고 노력해보세요.

2. **정기적으로 손님 초대하기**

   한 달에 한 번씩 손님을 초대하는 것을 목표로 하고 한번 해 보세요. 손님용 메뉴를 아예 정해놓는 것도 좋습니다. 똑같은 음식을 거듭해서 만들면 그것이 제2의 천성이 됩니다.

3. **초대 손님의 범위를 넓히기**

   옛 친구들은 물론이고 평소에는 식사 초대를 잘 하지 않을 사람들도 초대해보세요. 홀로 식사하는 사람이 있다면 초대하거나 음식을 가져가서 함께 먹는 것도 좋습니다.

토론하기

1. 당신은 다른 사람과 밥 먹는 것을 좋아하나요, 아니면 혼자 먹는 것이 편한가요? 왜 그런가요?

2. 홀로 먹는 것 vs 다함께 먹는 것의 장점과 단점은 각각 무엇인가요?

3. 초기 교회 당시에는 다함께 먹는 일이 어째서 그토록 중요하고 의미심장했을까요?

4. 언제부터 가족이 함께하는 식사 빈도가 줄어들었나요? 그런 변화가 어떤 영향을 준다고 생각하시나요?

5. 알레르기, 취향, 그리고 다이어트가 공동식사를 어떻게 방해할까요? 서로 다른 음식 취향을 극복하고 다함께 식사하도록 격려하려면 어떻게 해야 할까요?

6. 요양원에 있는 친구에게 음식을 갖다주는 일과 교회에서 포틀럭 식사를 주기적으로 여는 것 외에 또 어떤 방법으로 음식으로 남을 섬길 수 있을까요?

7. 손님을 자주 대접하는 편인가요? 다른 사람들과 더 자주 식사를 하려면 어떤 간단한 단계를 밟을 수 있을까요?

푸드 스타일리스트 메이의 행복 레시피

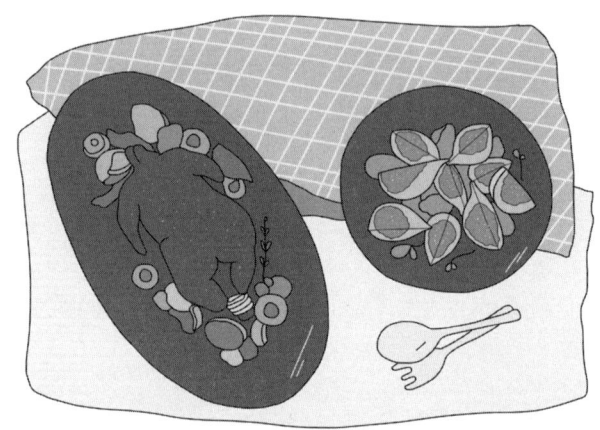

로스트치킨과 무화과 샐러드

"밥 한번 먹자!" 우리는 오래 전부터 함께 밥을 먹는 것이 마음을 나누는 일임을 알고 있습니다. 오븐과 시간만 있으면 간단하게 만들 수 있는 로스트치킨과 제철 무화과 파마산 치즈로 만든 샐러드로 마음을 표현해보세요.

재료: 닭 1마리, 올리브오일 1컵, 소금 1작은 술, 후추 조금, 스테이크시즈닝 2큰술, 마늘 10톨, 레몬 1개, 곁들임 채소(늙은 호박, 주키니, 당근, 양파, 감자 등 취향에 맞게)

1. 닭은 물로 깨끗이 씻어 슬라이스한 레몬과 마늘을 꽉 차게 넣은 뒤 발을 묶어주세요.
2. 닭에 올리브오일을 넉넉히 붓고 마사지하듯 고루 바른 뒤 소금과 후추를 골고루 뿌려 180°에서 1시간 동안 구워주세요.
3. 채소는 모두 큼직하게 썰어주세요.
4. 오븐에서 익힌 닭을 빼낸 뒤 다시 한번 올리브오일을 충분히 바르고, 스테이크시즈닝을 골고루 듬뿍 뿌려주세요.
5. 채소에도 올리브오일, 소금, 후추를 뿌리고 닭 옆에 올려주세요.
6. 200°에서 30분-1시간 동안 닭 껍질이 바삭해질 때까지 구운 후 접시에 담아주세요.

재료: 무화과 5-6개, 샐러드용 채소 한줌, 올리브오일 3큰술, 소금과 후추 조금, 화이트와인식초나 발사믹식초 2큰술, 파마산치즈 조금

1. 무화과는 씻어서 먹기 좋게 썰어주세요.
2. 접시에 샐러드용 채소를 담고 그 위에 무화과를 올린 뒤 올리브오일과 화이트와인, 소금, 후추를 살짝 뿌려주세요.
3. 파마산치즈를 뿌려 마무리해주세요.

우리가 스코틀랜드 세인트앤드루스에서 신학을 공부하던 시절, 그 공동체에 아기가 줄줄이 태어났다. 공동체 구성원들은 주로 미국인이었는데, 다행히 우리는 영국 보건의료제도의 혜택으로 출산 비용을 내지 않아도 됐다. 아기를 낳은 가정은 태어나자마자 이틀에 한 번 한 달 동안 저녁식사를 제공받았다. 이는 그 공동체의 다른 가정들이 베푸는 호의로서 사전에 이메일로 각각 담당이 배정됐다. 어느 날 저녁 남편은 농구 코치를 하느라 집에 없고 어린 두 아이—두 살과 신생아—가 앙앙 우는 바람에 정신이 없던 차에 중국인 친구가 볶음밥과 채소를 들고 나타났던 순간을 도무지 잊을 수 없다. 그녀의 눈에 서린 연민과 배려의 눈빛은 맛있는 음식만큼 정겨웠다.

4장. 회복이 있는 밥상

다함께 먹으면 치유될 수 있다

내 친구 테레사는 1950년대에 롱아일랜드의 가톨릭 집안에서 자랐다. 기숙사비를 아끼려 집 가까운 대학에 다녔다. 엄마는 날마다 저녁식사를 정성껏 준비했고, 테레사가 저녁 강의나 동아리 모임으로 늦어질 때면 음식을 따뜻한 상태로 남겨두고 딸이 돌아오기를 기다렸다. 그리고는 테레사가 먹는 동안 함께 앉아 그녀의 하루에 대해 대화를 나눴다. 엄마의 요리가 특별히 화려한 것도 아니고 오늘날 거론되는 건강식만도 아니었으나, 믿을 수 있는 가족 밥상 덕분에 음식에 대한 건강한 자신감과 즐거움을 누릴 수 있었고, 그 전통이 오늘까지 그녀의 가정에서 이어지고 있다.

내가 다니던 대학의 기숙사 식당은 양껏 먹을 수 있는 뷔페식이었다. 아침이나 점심 중 뭘 걸러야 할까? 내가 이성을 잃고 너무 많이 먹으면 어떻게 하지? 혹시 사람들이 내가 먹은(또는 아직

먹지 않은) 음식을 쳐다보고 나를 판단하지는 않을까? 식사용 카드를 긁기도 전에 내 속이 불편해지곤 했다. 그래서 카페테리아에 가기 전에는 손을 씻고 몸매를 확인하기 위해 화장실에 자주 갔다. 꼴 보기 싫지는 않은가? 뚱뚱한가? 좋은 음식을 먹을 자격이 있는가, 아니면 생채소와 찬물이나 먹어야 할까?

그러나 내가 (곧 시누이가 될) 킴과 함께 살게 됐을 때는 전혀 새로운 음식 문화를 만나게 됐다. 아기가 있는 부부와 함께 살다 보니—많은 이웃이 다함께 주기적으로 들러 밥을 먹는 집이기도 했다—더 이상 예전의 고민을 할 필요가 없었다. 그런데다 킴은 남을 잘 배려하는 사람이라 그런 마음을 음식으로 종종 표현했고 내 도시락까지 싸주는 경우도 가끔 있었다. 이것이 나에겐 하나의 선물이었다. 당시에 나의 생각과 행동은 거의 장애 수준이어서, 킴이 만들어준 도시락을 받아들고는 '아, 점심을 먹어도 괜찮구나. 점심 약속을 잡아도 괜찮겠어'라고 생각하게 됐다. 킴은 좋은 음식을 중요시했고 다른 사람을 대접하기를 좋아했다. 남을 배려하는 킴의 모습 덕분에 나는 음식을 두려워하지 않게 됐다. 킴과 함께 음식을 즐기는 일이 그 출발점이 됐고, 내가 학교에 갈 때 사랑과 관심을 담은 도시락을 쥐어준 킴의 손길도 한몫했다.

식사는 사람들을 다함께 불러 모으고 온갖 유익을 가져온다. 다함께 먹는 식사는 지겨움과 외로움을 덜어주는 놀라운 "치료법"이며 노인과 홀로 사는 이들에게 특히 그렇다. 식이장애도 예방한다. 오늘날 서구 문화를 생각하면 이것은 결코 사소한 도움이 아니니다.

식이장애 제국

신경성 식욕부진, 신경성 과식, 폭식장애 등 식이장애 진단을 받은 사람도 꽤 많지만, 식생활과 몸매와 관련해 중독, 혐오, 두려움, 불안 등에 시달리는 사람은 훨씬 더 많다. 나도 그런 경험을 했다. 당신이나 주변 사람도 음식 문제로 고민하고 있을 가능성이 많다. 이유가 많겠지만 그중 하나는 우리 문화가 날씬한 몸매에 강박증을 갖고 있다는 점이다.

고등학교 교사인 내 친구 리사는 학생들에게 잡지 속 이미지가 얼마나 인위적인지 가르치는 데 열심이다. 1960년대에 리사는 반문화 운동에 적극적으로 참여했었다. 브래지어도 몇 개 태웠을 거고, 데모하다가 곤경에 처했던 적도 있다. 그는 "우리가 쟁취한 자유를 통해 이 여자아이들이 외모에 덜 신경쓰게되길 바랐는데, 신체적 완벽함에 대한 강박은 60년대 이전보다 요즘이 더 심한 것 같다"고 말했다. 독실한 그리스도인인 리사는 자기 학생들이 하나님의 눈으로 자신의 무한한 가치를 보게 해달라고 간절히 기도한다. 그리고 포토샵이 다양한 편집 기법으로 어떻게 거짓 이미지를 만들어내는지 잘 보여준다. "우리도 그게 합성인 줄 알아요. 그래도 그런 모습으로 보이고 싶은 걸요." 학생들이 하는 말이다.

깡마른 몸매를 지닌 여자들의 이미지가 곳곳에 널린 통에 상황은 다. 아주 사소한 물건에서도 그런 추세를 볼 수 있다. 소금통이나 물병에 인쇄된 여자조차 20-30년 전이나 50년 전보다 더 날씬하다. 캔디랜드라는 게임도 마찬가지다. 내가 가지고 놀던 1984

년 판만 해도 그렇지 않았는데 요즘 우리 아이들이 갖고 노는 버전에는 호리호리한 여성과 근육질 남성이 등장한다. 장난감도 마찬가지다. 스트로베리 숏케이크라는 게임 캐릭터들도 1980년대 초보다 훨씬 홀쭉해졌고, 지.아이.조(G. I. Joe)도 원래는 평범한 조였는데 지금은 보디빌더보다 더 근육질인 남성으로 변모했다. (이에 관해서는 내 블로그 RachelMarieStone.com을 참고하라.)

어느 토요일 아침, 엄마와 나는 아이스링크 건너편에 있는 카페에 앉아 십대 소녀들이 법석대며 상점가를 돌아다니는 모습을 유심히 관찰했다. 그들은 한두 명만 제외하고 날씬한 몸매를 자랑하듯 꽉 끼는 청바지를 입고 스키 모자를 쓰고 큰 부츠를 신고 있었다. 그들이 마실 것을 들고 우리 가까이에 자리잡는 바람에 우리는 그들이 몸무게와 칼로리에 관해 얘기하는 걸 엿듣게 됐다. "아, 나 45킬로그램 나가"하고 한 명이 말했다. "우리 학교 아무개는 60킬로래." 몸무게와 신체 사이즈와 음식에 대한 강박관념 때문에 많은 세월을 낭비했던 나로서는, 마시던 라떼를 내려놓고 "얘들아, 너희는 있는 그대로 완벽해! 몸무게는 중요하지 않아! 다른 얘기를 하면 안 되겠니!"라고 말하고 싶었지만 그러지는 않았다. 입 밖으로 내뱉었어야 했다. 그들의 말은 위험했으므로.

나는 다이어트와 신체 불만족에 관한 단어들을 엄마와 엄마 친구들에게 배웠다. 다섯 살 때 "깡마른 여자"란 제목으로 짧은 이야기를 쓴 적이 있다. 거기에 하이힐을 신은 굉장히 큰 막대기 같은 인물이 그려져 있었다. 그 곁에는 이런 글귀가 적혀 있었다. "그녀는 예뻤다. 이토록 깡마른 건 하루에 한 끼만 먹기 때문이다. 그 한끼도 티스푼 한 개 만큼이다. 교훈: 많이 먹지도 말고 너무 적게 먹지도 말라는 것!" 엄마를 따라 교회에서 매달 셋째 주 목요일에 모이는 다이어트 그룹에 갔던 것이 생각난다. 엄마와 친구들은 끝도 칼로리와 지방과 옷 사이즈에 대해 끝도 없이 얘기했다. 나는 과체중이었던 적이 없었고 무척 날씬한 아이였기에 엄마와 다른 사람들이 나를 보고는 한숨을 지으며 "아, 나도 예전엔 저렇게 날씬했는데. 네가 자라면 어떨지 두고 보자"라고 말했던 것이 기억에 남는다.

나는 스스로를 저절로 부푸는 구명조끼라고 상상했다. 어느 날 눈에 안 보이는 밸브가 풀려서 내가 갑자기 부풀어 올라 거구가 될 거라고. 얼마 지나지 않아 나는 상상하던 "여분의" 체중에 대한 전쟁을 선포하고, 좋아하던 민트초콜릿을 먹지 않기로 하고, 운동 프로그램을 시작했다. 다이어트 잡지를 샀고, 먹은 음식을 모두 적어놓고 칼로리를 계산했다. 몇 시간씩 운동하고 거울 앞에 서서 미운 몸을 성찰했다. 부모님은 뭔가 잘못됐음을 눈치챘고, 부모님이 관심을 가지고 돌봐준 덕분에 거식증으로 발전하는 걸 막을 수 있었다. 부모님의 설득에 넘어가 식당에 가서 우삼겹을 먹거나 벨지안 와플에 아이스크림을 먹기도 했다. 죄책감을 느끼며 식후에 한참 조깅을 해야 한다고 생각할 수도 있었지만, 밥상에 앉은 동안만이라도 나는 그 모든 염려에서 벗어나 즐거운 순간을 누릴 수 있었다.

모든 사람이 이런 행운을 맛보는 것은 아니다.

말라깽이 이웃, 자매, 딸

로렌 그린필드의 다큐멘터리 "말라깽이들"(Thin)은 병든 음식 문화의 가장 명백한 피해자인 젊은 여성들을 소개한다. 식이장애 때문에 플로리다의 어느 치료센터에 입원한 거식증 환자들이다.

해골 같은 모습도 무섭지만 비뚤어진 인식과 선입관은 더욱 무섭다. 그들은 바싹 마른 모습이 사라지는 것을 죽기보다 더 두려워한다. 다수는 의사나 가족에게 떠밀려 치료를 받고 있다. 앞서 묘사한 이상적인 밥상 교제와 정반대로 이 병든 여성들은 서로 또 다른 공동체를 형성하고 있다. 그 센터의 치료진은 환자들이 서로의 치료를 지지해주길 바라지만("폴리가 밀크셰이크를 마시는 동안 우리 모두 응원합시다!") 그냥 내버려두면 오히려 몰래 서로 처방약을 주고, 어떻게 하면 음식을 숨길 수 있는지 얘기하고, 가장 날씬해지려고 경쟁한다.

이는 건강하지 못한 관계이긴 해도 그들이 오랜만에 맺는 가장 중요한 관계다. 그들 인생에서 가장 중요한 것은 체중 감소이기 때문에 오로지 극한의 깡마름을 추구하는 사람들과만 서로 이해하고 이해받을 수 있는 것 같다. 이 영화와 함께 나온 책에서는 영화에 아주 살짝만 언급된 그들 생활의 특징을 잘 부각시킨다. 그들이 음식 먹기를 거부한 결과 무척 외로운 존재가 됐다는 사실이다. 그들의 말을 들어보라.

나는 10살 때부터 식이장애가 내게서 생명력을 앗아갔다고 느낀다.
(멜리사, 24세)[11]

나는 아무런 연줄도 없다…평생 한 일이라곤 내 몸을 바꾸는 것뿐이다.
(카라, 31세)[2]

나는 스스로 친구와 가족과 부모로부터 멀어졌다…사람들과 함께 있는 것이 귀찮을 뿐이다…식이장애가 남편과의 관계에 영향을 준 것은 그가 늘 방해가 된다고 느꼈기 때문이다. 내가 성취해야 할 사명이 있었다. 나는 체중을 감소시켜야 했다…거식증은 나의 가장 좋은 친구다. (앨리사, 30세)[3]

그 책에는 그들이 쓴 자세한 음식 목록과 끄적인 내용이 나온다. 한 사람은 피자 두 조각을 토하지 못해 자살을 시도하고, 또 한 명은 매달 음식에 1,500달러를 투자하고도 모두 토해냈으며, 또 다른 사람은 언젠가 치료센터에서 퇴원하여 다시 한 번 불경한 여신 '깡마름'을 경배할 날을 갈망하면서 "애나"(거식증을 의인화한 것)에게 편지를 쓴다. 치료를 받으면서 억지로 늘리게 된 체중에 대해 불평하는 사람도 있다. "내가 만든 이 걸작[내 몸]을 그들이 망치고 있다. 그래도 나는 어쩔 도리가 없다."[4]

거식증 환자 중 5분의 1 가량은 가장 치명적인 정신병으로 목숨을 잃는다. 30-40퍼센트는 완전히 회복되고, 그 나머지는 병원과 치료 프로그램에 들락거리고 어쩌면 일도 하고 관계도 어느 정도 맺을 수 있지만 늘 장애에 시달리며 온전한 삶을 살진 못한다. 오늘날 입원해서 치료받을 수 있는 훌륭한 센터들이 곳곳에 있어도 재발이 흔한 편이다. 영화에 등장하는 셸리라는 여성은 "먹는 행위가 너무 복잡하다"는 이유로 계속 튜브로 먹겠다고 말했다. 그녀의 친구 폴리는 자기가 먹어야 하는 쿠키가 맛있으면 겁이 났다고 말했고, 서른 살이나 되어서도 음식에 대한 정상적 욕망과 즐거움과 만족감을 전혀 경험한 적이 없어 식료품 쇼핑을 하는 법을 몰랐다고 털어놓았다.[5] "지금은 내가 과자를 **좋아하긴 하나?**"하며 고민하는 표정을 짓는다. 셸리는 몇 차례 재발한 다음 잘 지내고 있지만[6] 폴리는 그 다큐멘터리가 개봉된 지 2년 후에 세상을 떠났다.[7]

셸리는 자신의 "진정한 회복"에 관한 글에서 타인과 함께 음식 먹는 일이 자신에게 어떤 영향을 미쳤는지 얘기한다. 이는 치료센터에서는 겪을 수 없는 경험이다.

> 나는 "정상적인" 식습관을 가진 사람들에게 둘러싸여 있었다. 그들이 먹는 모습을 지켜봤다("나는 하나도 먹지 않고 사람들을 지켜봐야지"하는 강박적 태도는 아니었다). 실은 조사를 하는 중이었다. 그들이 음식을 즐기면서도 죄책감을 느끼지 않는 모습을 보았다. 나도 그렇게 되고 싶었다.

셸리의 가족은 그녀의 병세에 절망했다. 그 바람에 셸리는 완전히 회복해야겠다고 굳게 마음먹었고, 실제로 그렇게 됐다. 애견과 함께 오래 산책하고, 가족의 도움을 받고, 태권도를 배운 덕분에 여전히 회복 중이라고 했다. 치료센터에서 다른 환자들과 함께 있으면서 두려움에 초점을 맞추기보다는 **건강한** 식습관을 가진 사람들에게 둘러싸여 있는 편이 유익한 것으로 입증됐다.[8] 알코올 중독자들 중에 아직도 술을 마시는 사람은 "술친구"라는 공동체에서 활동하고, 술을 끊은 사람은 알코올 중독자 갱생회에서 연대한다.

로라 콜린스의 딸 올림피아가 거식증에 걸렸을 때 그 부부는 주어진 선택지 모두 마음에 들지 않았다. 그들은 딸을 입원 시설에 보내길 원치 않았고, 담당 상담사는 올림피아와 부모 간에 불신을 부추기는 듯했다. 외래 프로그램은 오히려 올림피아가 더 효과적으로 안 먹을 수 있는 방법을 찾게 하는 듯했다. 작가인 콜린스는 딸을 돕기로 결심하고 도서관과 인터넷을 통해 효과적인 치료법을 찾다가 마침내 별로 유명하지는 않은 한 모델을 발견하기에 이르렀다. 바로 모즐리(Maudsley) 접근으로도 알려진 가족중심 치료법이다. 콜린스는 그 가족의 여정을 『거식증 환자와 함께하는 식사』(Eating with Your Anorexic)란 책에 담았다.

가족중심 치료법은 런던 모즐리 병원에서 개발된 것으로 간호사들이 거식증 환자들과 여러 시간 함께하면서 그들의 등을 문질러주고 잘 달래주어 "먹지 않고는 못 배기는" 환경을 조성하는 모습에서 영감을 얻었다. 이 치료법이 개발된 데는 경제적인 이유도 있었다. 식이장애를 집에서 치료하는 편이 입원 시설을 이용하는 것보다 비용이 훨씬 적게 든다는 점이다. 예컨대, 어떤 센터의 입원 프로그램은 **하루에** 200만원가량 드는 데다 그들의 서비스는 "**정신건강 치료**"로 분류되어 보험 대상에서 제외될 때가 많다.

이 치료법은 무척 간단하다. 의사의 지도 아래, 영양사와 상담사와 당신이 환자와 함께 앉아 하루 세 끼와 간식(두 번)을 같이 먹는 것이다. 에이즈 환자가 항레트로바이러스약을 먹어야 하고 당뇨병 환자는 인슐린 주사를 맞아야 하듯, 굶어 죽어가는 사람은 음식을 먹어야 한다. 거식증 환자의 약은 음식이고, 이 치료법에서는 가족이 사랑하는 환자 둘레에 모여서 그가 약을 먹도록 지지하고 격려하는 것이다. 이 병에 시달리는 사람이 가장 기본적인 행위—먹는 것—를 다시 배우는 동안 생명은 보류 상태에 있게 된다.

오랫동안 아무도 거식증 환자에게 음식을 먹여서는 안 된다고 생각했다. 최소한 부모는 그러면 안 된다고 여겼다. 근본 문제가 해결되면 먹을 것이라고들 말했다. 많이 인용되는 책 『황금새장 속에 갇힌 소녀』(하나의학사)[9]의 저자 힐데 브루흐의 이론에 따르면, 거식증이 통제의 문제, 구체적으로 부모의 통제나 완벽주의에 대항해 자율성을 주장하고픈 욕구에 의해 유발된다고 한다. 흔히 거식증은 "음식의 문제"가 아니고 "날씬해지고픈 욕망의 문제"도 아니라고 말한다. 그렇지만 대다수는 아니라도 다수는 무엇보다 날씬해지고 싶다고 주장하는 것이 현실이다. 앨리사는 "내가 정말로 원하는 게 뭐냐, 날씬해지는 거예요. 죽어야 그렇게 된다면, 받아들여야죠"라고 말한다. 브리태니는 집단 상담에서 주먹을 꽉 쥐더니 "날씬해지고 싶다! 날씬해지고 싶다고요!"라며 울부짖었다. 셸리는 자기가 풀어야 할 "문제"가 있지만 **어떻게 해서** 거식증에 걸렸는지 모르겠다고 한다. "어쩌면 그냥 날씬해지고 싶어서…."

"음식을 다시 먹이는" 이유는 무엇보다 거식증이 지닌 심리적 특징이 대체로 기아의 특징과 일치한다는 사실에 있다.

1940년대 중반에 실시된 한 연구—"미네소타 기아 실험"—에서 앤셀 키스와 연구자들은 건강한 젊은이 서른여섯 명에게 6개월 동안 충분한 음식을 주지 않고 대체로 감자, 순무, 빵을 공급하며 날마다 칼로리를 3,200에서 1,560으로 줄여나갔다. 대부분 몸무게가 25퍼센트 정도 줄었고, 우울증, 히스테리, 강박행동, 음식에 대한 망상, 공포증, 공격성, 사회적 위축 등 심한 정서적 스트레스를 경험했다. 한 남자는 손가락 하나를 잘라버렸다. 6개월 동안 반쯤 굶긴 뒤에 그들에게 정상적인 양식을 공급했지만, 그들의 심리 상태가 정상으로 돌아오는 데는 8개월이 걸렸다.[10] 가족중심 치료법을 옹호하는 자들은 이 연구를 가리키며 거식증 환자에게 음식을 못 먹게 하면서 상담 치료를 하는 것은 죽음을 이길 수 없다고 주장한다. 상담은 기아에 의한 자살의 위기에서 구한 다음에야 **훨씬 더 큰** 효과를 발휘한다. 상담은 응급처치도 하지 않고 119를 부르지 않은 채 총상을 입은 사람에게 외상후 심리치료를 하는 것이나 마찬가지다.

  가족중심 치료법은 매우 효과적이다. 회복률 통계에 따르면 이 치료법이 거의 90퍼센트의 회복을 자랑하고 전통적 치료법에 비해 두 배 이상 높다고 한다. 해리엇 브라운은 2010년에 쓴 회고록 『음식을 먹는 용감한 여자아이』(*Brave Girl Eating*)에서 딸 키티가 가족중심 치료법을 통해 성공적으로 회복한 이야기를 들려준다. 키티는 로라 콜린스처럼 입원 시설에 겁을 먹고("뻐꾸기 둥지 위로 날아간 새"에 나오듯) 낮은 회복률에 실망을 금치 못했다. 브라운 부부는 굉장한 결단과 노력이 필요했음에도 생활방식을 조정하여 끼니마다 그리고 간식을 먹을 때에도 늘 키티와 함께했다. 브라운은 과연 이 일을 감당할 수 있을지 의심했지만 두려움을 내어쫓는 바로 그 사랑을 갖고 있었다.

우리에게는 세상의 어느 누구에게도 없는 것이 있다. 우리는 키티를 가장 사랑하는 부모다. 이 세상에는 우리만큼 키티가 회복되길 간절히 바라는 사람이 없다. 우리만큼 키티를 치열하게, 무비판적으로, 무조건 사랑하는 사람은 없다.[111]

브라운 가족과 콜린스 가족의 경우 둘 다 식사가 갑자기 최우선이 되어야 했다. 두 엄마 모두 요리하는 일에 전례 없는 노력을 기울였다고 한다. 가령, 말기 암에 걸린 사랑하는 사람을 돌보기 위해 직장을 그만두는 것에 대해선 아무도 의문을 제기하지 않지만, 굶어 죽어가는 자녀에게 음식을 먹이려고 오랜 시간 집에 붙어 있는 일은 의아하게들 생각한다고 두 엄마는 말한다. 아울러 마침내 두 가족이 함께 먹는 식사에서 기적에 가까운 기쁨을 발견했다고 한다. 가족중심 치료법을 비판하는 이들은 그 접근이 거식증 환자를 부모에게 의존하게 한다고 불평한다. 사실 키티는 부모와 떨어져 있던 첫 해에 병이 재발했고, 올림피아는 치료를 시작한 지 일 년 후에도 "음식을 먹는 것과 음식에 대한 선택을 지지해달라고 [부모를] 바라보았다." 그런데 이론에서 말하는, 음식에 대한 "개인적 선택"을 우리가 군이 내릴 필요가 없다면 어떻게 될까? 콜린스는 이렇게 쓰고 있다.

이 세상사람 대다수는 음식을 선택할 여지가 별로 없다. 대부분은 아침에 일어나서 조상들이 먹었던 것과 똑같은 음식을 먹는다. 음식 선택은 현대식 미국 생활의 사치이자 해악이다. 이처럼 늘 선택하고 새로운 것을 찾고 의사 결정을 하는 일은 자유를 주기보다는 변칙에 가깝다.[12]

브라운도 한 때는 음식과 몸매 때문에 고민이 많았지만 결국 음식에 대한 미국인의 비정상적 태도에 반발하여 그것을 광기로 규정지었다.

우리는…음식은 유감스런 필수품이라는 생각에 속아 넘어갔다. 우리가 모두 찾으려고 애쓰는 성배(聖杯) 같은 이상형이 아예 음식 없이 사는 것이라고 생각한다. 그리고 우리가 충분히 선하다면, 충분히 결단을 내린다면, 충분히 강하다면, 이 상태에 도달해야 할뿐더러 도달할 수 있을 것처럼 여긴다. 마치 그것이 우리의 소원이라야 하는 것처럼 말이다.[13]

이런 이야기를 들어보면—사랑하고 돌보고 지지해주는 마음으로—다함께 먹는 행위야말로 죽음을 향해 걷는 사람들에게 생명을 가져다준다는 것을 알 수 있다.

우리 모두 걷는 길

실은 우리 모두 죽음을 향해 걷고 있는데—물론 어떤 이들은 좀 더 활발하게 걷지만—다른 이들과 함께 식사를 하면 우리는 더욱 생동감을 얻게 된다.

나는 예전에 에너지 바를 많이 먹었다. 초콜릿 맛과 비타민이 풍부한 단백질 덩어리, 꼭꼭 씹어야 하고 맛은 자극적인 그런 것 말이다. 만족감을 느끼지 못하면서도 항상 더 먹고 싶었다. 한꺼번에 너무 많이 먹으면 몸이 부어 뚱뚱해진 것 같았고, 그런 나를 미워하게 됐다. 아, 그런데 에너지 바를 항상 혼자 있을 때 먹었다. 보통은 누군가에게 "어이, 언제 함께 에너지 바 한 입 하자구!"라고 말하진 않는다. 에너지 바는 홀로 먹도록 고안된 식품이다.

반면에 킴과 내가 어느 날 저녁에 함께 준비했던 완두콩 수프와 같은 것은 다른 이들과 함께 먹도록 고안된 메뉴다. 이런 수프는 우유를 타서 묽게 만들면 많은 사람을 대접할 수 있다. 수프 한 냄비를 다 먹을 만큼 위장이 큰 사람은 없고, 혼자 다 먹어야 한다 해도 물려서 끝낼 수는 없다. 수프는 공동체용 요리다. "스톤 수프"(Stone Soup)라는 옛날이야기에서도 마법사가 수프를 만들지 않던가.

우리 아빠는 젊은 시절 여자 친구를 많이 만났는데, 그들 중 다수는 튼튼했다. 곧, 날씬하지는 않았다는 말이다. 그런데 아빠와 외식을 할 때면 여자 친구들은 언제나 샐러드를 주문했다고. 아빠는 말은 안 했지만 이렇게 생각했을 것이다. '이봐, 당신은 그리 날씬하지 않아. 샐러드만 먹고 살지 않는다는 걸 나도 알고 있어.' 상대방이 진짜 식사를 하는 모습을 보이길 꺼린다고 아빠는 생각했고, 『바람과 함께 사라지다』에 나오는 스칼렛이 스스로 까다로운 식성을 가진 것처럼 보이려고 바비큐에 앞서 점심을 먹듯, 그런 모습은 여성적이지 못하다고 그들이 생각했을 것이다.

   많은 사람이 오늘날 거식증과 강박적 식이장애에 시달리고 있다. 남이 볼 때는 샐러드를 먹고 혼자 있을 때는 케이크를 게걸스레 먹는다. (내가 에너지 바를 폭식한 것도 다를 바 없다.) 자기가 먹는 음식을 제한하는 사람은 그 사실을 숨기려고 한다. 강박적으로 먹는 이들도 남몰래 음식을 먹는다. 어느 누가 큰 숟가락으로 아이스크림을 우걱우걱 퍼먹는 모습을 남에게 보이고 싶겠는가? 이로부터 말미암는 비만은 그 자체가 수치심의 표시다. 몸이 무거운 사람들이 먹는 모습을 남들에게 보이고 싶지 않은 것은 다른 사람들이 '이 돼지야! 그렇게 먹으면 뚱뚱해진다는 걸 몰라?'하고 생각할까봐 두렵기 때문이라고 한다. 그러나 흔히들 무시하지만 중요한 몇 가지 사실이 있다. 살찐 사람이 모두 건강하지 않은 것은 아니다. 살찐 사람이 모두 폭식 장애가 있는 것은 아니다. 어쩔 수 없이 폭식하는 사람이 모두 뚱뚱해지는 것은 아니다. 이런 점을 외모로 판단할 순 없지만, 대다수의 식사를 다른 사람과 **함께하는** 것이 가장 안전하다고 말하는 게 안전하겠다.

   아빠가 맨 처음 엄마와 데이트하던 날, 아빠는 엄마에게 완전히 반해버렸다. 엄마가 치즈버거 세트와 밀크셰이크를 주문해서 실컷 먹고 감자튀김까지 끝낸 뒤에 아빠 몫까지 몇 개 더 먹었기 때문이다. 엄마도 날씬한 몸매는 아니지만, 아빠의 경험상 보기 드물게 정말로 음식을 즐겁게 먹는 모습에 감동을 받은 것이다. 이 때문에 아빠는 엄마를 사랑했다.

   만일 내가 성찬에 참여하려고 하는데 사제가 "당신 같은 더러운 죄인은 자격이 없습니다! 교회 오기 전에 아이들에게 소리쳤잖아요!"하고 호통을 친다면, 나는 그 자리를 떠나 다시는 돌아오지 않을 것이다. 성찬은 은혜인데, 은혜는 자격이 있어서 받는 게 아니다. 그러나 우리 자신에게 은혜를 베푸는 일은 쉽지 않고 남에게 베푸는 것도 마찬가지다. 제라드 맨리 홉킨스의 시를 풀어서 쓰자면, 타인과 함께하는 식사는 우리의 모든 식사를 은혜로 충만케 하는 은혜의 수단이 될 수 있다.[14]

밥 먹기 전에 드리는 기도를 "은혜 고백(saying grace)"이라고 부르는 것은 우연이 아니다. 이는 우리가 음식으로 인해 하나님께 감사를 드리는 것일 뿐 아니라 우리의 음식이 하나님에게서 온다는 사실을 특히 인정하는 것이기도 하다. 음식과 몸에 관해 얘기할 때 우리가 쓰는 말도 중요하다. 그런 말이 음식과 마찬가지로 우리를 보양하고 빚어내고 먹이기 때문이다. 또는 우리를 해롭게 하고 왜곡시키고 굶기기도 한다. 속으로 '나는 음식을 먹을 자격이 없는 못생긴 돼지야'라고 생각하면서 감사하는 마음으로 즐겁게 먹을 수 있는 사람이 있을까? 나는 그럴 수 없었다. 밥상에서 울퉁불퉁한 허벅지, 축 늘어진 뱃가죽, 칼로리, 콜레스테롤, 건강에 좋은 것과 나쁜 것 등에 대해서만 얘기하는 분위기에서 어느 누가 즐겁게 음식을 먹을 수 있을까? 이런 얘기는 음식을 지나치게 적게 먹도록 부추기는 만큼 지나치게 많이 먹도록 부추긴다는 점에서 장애를 조장한다.

심리학자 에릭 스타이스에 따르면, 일주일에 세 시간 자기 몸에 대한 건강한 태도를 칭찬하고 "몸매 얘기"를 최대한 피하면 식이장애에 빠질 확률이 훨씬 적다고 한다.[15] 하나님의 걸작품인 우리 몸은 은총과 돌봄을 받아야 마땅하다. 자기 자녀가 그린 그림이나 만든 작품이나 꾸민 레고를 꼴불견이라고 하는 부모는 없다. 나는 눈 아래 다크서클이 있고, 손가락이 길고, 흉터 자국도 있고, 평발에, 떡진 머리까지 지녔다. 이런 모습을 보고 하나님이 좋다고 말씀하시는 것은 그분이 그 모든 것을 만드셨고 내 속의 깨어진 부분을 치유하기 위해 그분 스스로 깨어지셨기 때문이다. 당신도 마찬가지다.

앤 라모트는 제일 친한 친구인 패미와 쇼핑을 갔던 얘기를 들려주는데, 그 친구는 항암치료를 받아 몸이 약해졌고 죽음을 한 달 남겨두고 있었다. 앤은—남자친구의 눈도장을 받고 싶어서—꼭 끼는 라벤더 원피스를 입고 패미에게 자기 허리가 잘록해 보이느냐고 물었다. 패미는 부드럽게 "앤, 그런 거 생각할 시간이 없잖아"하고 말했다.[16] 죽어가는 사람도 인생에는 **진정한 삶**이 아닌 것에 투자할 시간이 없다는 걸 알고 있고, 엉덩이(또는 입술이나 배)에 집착하는 일은 중요하지 않다(베트 미들러는 "천국에서는 사람들이 자기 체중과 외모에 관해 얘기하지 않을 것"이라고 말했다).[17] 혼자 에너지바를 게걸스레 먹거나 점심을 먹을 "자격"이 있는지 고민할 시간이 없다. 우리 모두는 우리에게 은혜를 베푸는 사람들과 함께 밥상에 앉아 음식을 먹을 시간과 자격이 있을 뿐이다.

나는 올림피아와 키티, 그리고 치료센터의 여성들 얘기를 조기에 위험을 경고하는 이야기로 생각한다. 우리 대부분은 임상 진단이 가능한 식이장애에 빠지진 않겠지만 너무 외로울 때는 조금이라도 그런 문제를 초래하기 쉽다. 북아메리카의 음식 문화는 공동 밥상과 그 전통에서 너무 멀어지고 말았다. 무엇이든, 언제든지, 어떻게든 먹을 수 있는 자유(예전엔 식사와 식사 중간에 또는 홀로 음식을 먹는 것을 무례한 짓으로 여겼다)가 주어지자 우리는 몰래 게걸스레 먹는 쪽이나 아예 굶는 쪽으로 번갈아가며 치닫고 말았다. 이 때문에 우리는 서로의 접시에 놓인 감자튀김을 먹어주고 서로 더 많이 사랑할 필요가 있다. 우리가 기쁨을 회복하려면 다른 사람의 사랑을 받을 필요가 있고, 다른 이들도 기쁨을 회복하려면 우리의 사랑이 필요하다. 우리 각자는 성찬을 집전하는 사제인 동시에 성찬을 받는 사람이며, 말없이 한 입씩 먹을 때마다 이런 메시지를 전달한다. "이것은 당신을 위해 부서진 그리스도의 몸, 곧 하늘의 떡이요, 당신을 위해 흘린 그리스도의 피, 곧 구원의 잔입니다."

식사기도

날마다 햇빛과 함께 오는 새 아침을 위해
오늘 밤 누리는 안식과 안식처를 위해
건강과 양식을 위해
사랑과 우정을 위해
선하신 당신이 보내시는 모든 것을 위해.
—랄프 왈도 에머슨(1803-1882)의 기도문(추정)

주님, 우리 밥상에 함께 하소서
이곳에 계시고 모든 곳에서 경배를 받으소서.
당신의 피조물인 우리를 축복하사
낙원에서 당신과 잔칫상에 앉게 허락하소서. 아멘.

우리 하나님께 감사를 드립니다.
이 땅의 모든 좋은 것을 주셔서
생명과 건강과 가족을 주셔서
일용할 양식을 주셔서. 아멘.

실천하기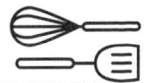

1. 집안에서 특히 밥상에서 "체중과 외모에 관한 부정적 얘기" 꺼내지 말기

2. 각종 매체 속 비현실적인 몸매를 대놓고 비판하기

3. 낮은 자아상과 혼란스런 태도와 행실을 고치기

나의 고통은 가족들에게 고스란히 전해집니다. 특히 자녀들이 그런 태도를 닮기 쉽습니다.

4. 나를 사랑하고, 양식을 인해 감사하기

좋은 음식, 아름답고 우아한 나. 하나님이 주신 선물을 선물처럼 여기고 감사와 찬양을 드리세요.

5. 나의 몸이 잘 작동하는지 체크하기

내 몸이 싫다면? 이제부터는 잘 작동하는 부분을 눈여겨보며 감사하세요. 예전과는 다른 방식으로 몸에 영양분을 공급하고 몸을 잘 돌보세요. 산책을 해도 좋고, 특히 피하고 싶은 부위(허벅지? 복부?)에 로션을 바르는 것도 좋습니다.

6. 음식과 관련된 사역에 자원봉사하기

남을 섬기다 보면 내 생각도 긍정적 방향으로 전환될 수 있습니다.

토론하기

1. 나 자신 혹은 가까운 사람이 식이장애를 경험한 적이 있나요?

2. 오늘날 많은 식이장애와 낮은 자아상에 영향을 주는 문화적 요인으로는 어떤 것들이 있을까요?

3. 가족중심 치료법에 대해 들은 적이 있나요? 가족중심 치료법은 평소에 가족이 함께하는 식사와 관련해 어떤 교훈을 주나요?

4. "혼자 먹는 밥"은 어떤 면에서 문제인가요? 이 문제를 어떻게 해결할 수 있을까요?

5. 치유가 필요한 주변 사람을 위해 무엇을 할 수 있을까요?

푸드 스타일리스트 메이의 행복 레시피

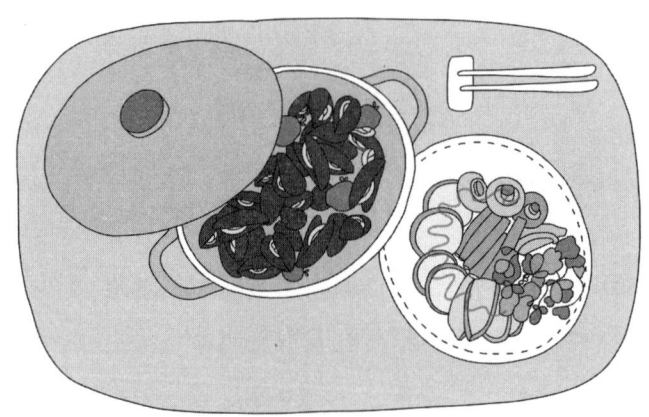

그릴베지와 토마토홍합찜

냉장고에 있는 자투리 채소도, 시장에서 덤으로 준 야채도, 식용유를 만나 주인공이 되는 그릴베지. 별다른 부재료 없이도 풍성한 감칠맛을 내는 홍합. 부족한 존재가 서로를 만나 따뜻하게 회복되는 아름다운 밥상을 만들어봅시다.

재료: 채소(버섯, 파프리카, 아스파라거스, 당근, 주키니 등), 식용유, 올리브유, 발사믹식초, 소금, 후추

1. 팬을 달구고 기름을 두른 뒤 준비한 채소를 구워주세요.
2. 먹기 좋게 익은 채소를 그릇에 담고, 올리브, 발사믹 식초, 소금, 후추를 뿌려주세요.

재료: 마늘 5-8톨, 완숙토마토 2개, 홍합 500g, 올리브유, 청주 500ml, 굵게 간 후추 약간

1. 팬을 달구고 올리브유를 넉넉히 두른 뒤 편으로 썬 마늘을 볶아주세요.
2. 마늘이 익으면 토마토를 넣고 같이 볶다가 토마토 껍질을 벗긴 후 홍합과 굵게 간 후추를 넣어 살짝 볶아주세요.
3. 2에 청주를 넣어 끓인 후 소금으로 간을 맞춰주세요.

그녀는 공복을 느끼고 또 채울 수 있었다. 그녀가 우려했듯이, 일단 배고픔을 시인하면 식욕에 온통 압도당해 눈에 보이는 모든 것을 먹어치우는 일은 일어나지 않았다. 오히려 정반대였다. 배고픔은 한계가 있었고, 일단 그녀가 주의를 기울이면 그 한계를 쉽게 찾을 수 있었다. 그녀는 연습을 거듭하면서 모든 욕망은 한계가 있고 심지어 질서까지 있다는 것을 알게 됐다. 모두 본질적으로 "좋은" 욕망이나 그 각각을 동시에 충족시킬 필요는 없었다. 그녀는 그 욕망들을 적절한 맥락 안에 두고 지금은 한 가지 욕망을 채우기로 선택하고 다른 것은 다음에 충족하기로 할 수 있었다. 본인의 욕망에 이름을 붙이고 그것을 충족시키는 일은, 그녀가 오랫동안 믿어왔던 바와는 달리, 이기심과 죄에 휘둘리지 않았다. 그와 반대로, 욕망에 이름을 붙이고 그것을 충족시키다보니 생명과 선(善)을 향해 한 걸음씩 나아가게 됐다.

—에이미 프라이콜름, 『벌거벗은 나』(See Me Naked)

5장. 지속 가능한 밥상

청지기의 지혜로운 선택

몇 년 전 우리 부부는 친구들과 함께 남편이 자란 몬태나 주의 베어투스 광야에서 9일 동안 캠핑을 한 적이 있다. 캠핑 장소에서 멀지 않은 곳에 있는 연접된 차가운 삼각 호수[1]에 가려고 표석 평야와 강들, 너무 가팔라서 손을 쓰지 않을 수 없는 풀이 무성한 언덕들을 가로질렀다. 마침내 호숫가에 텐트를 치고 나니 우리 밖에 없었다. 그곳을 베이스캠프로 삼아 당일 코스로 다양한 하이킹을 즐겼으며 한 번은 해발 3,300미터나 되는 정상까지 올라갔다. 거기에는 나무가 자랄 수 없고 잡목도 조금밖에 없었다.

정상으로 올라가다가 우리는 산양 가족과 마주쳤다. 호기심 많은 순한 양들이 겁도 없이 남편 주변에 모이더니 배낭 냄새를 맡고 환영의 몸짓을 하는 것이었다. 나의 전성기에도 오르지 못했을 절벽을 따라 올라가는 양들을 쳐다보는 순간 왠지 슬픔과 외로움과 환희로 온몸이 떨렸는데, 이 느낌은 암벽에 기대어 자라는 자그마한 꽃들을 보는 순간 다시금 찾아왔다.

외롭고도 슬픈 그 느낌은 갑자기 이런 야생 동물과 꽃을 보며 기뻐하실 하나님의 감정과 교차하는 듯했다. 그때까지 나는 그토록 깊숙한 광야로 들어간 적이 없었다. 사고파는 물건, 광고 상품, 일용품과는 너무도 거리가 먼 곳, 제라드 맨리 홉킨스가 읊은 "사람의 오점이 담기고 사람 냄새가 나는"[12] 것들을 모두 초월한 곳이었다. 나무가 없고 사람의 도움이 없는 곳에서도 양들은 잘 지내고 있었고 어린 새끼들이 보여주듯 번성하고 있었다. 그 동물들은 어느 인간의 먹잇감도 되지 않을 테고, 꽃들도 꺾여서 누군가의 꽃병에 꽂히는 일이 없을 것이다. 지금도 그 순간이 기억나면 내 마음은 기뻐지고 창조주 하나님을 경배하고픈 심정이 생기며, 이 땅이 내 것이 아님을 새삼 깨닫게 된다.

창세기 1장 28절에 따르면 하나님은 인간에게 땅과 그 피조물에 대한 "지배권"을 복으로 주신다. "생육하고 번성하여 땅에 충만하라, 땅을 정복하라, 바다의 물고기와 하늘의 새와 땅에 움직이는 모든 생물을 다스리라." 이 대목은 그리스도인이 말하는 "청지기직"의 근거가 되어왔다. 많은 저자는 이 구절을 착취의 허가증으로 이용하길 피하고 있는데도, 여전히 인간이 다른 피조물 **위에** 있기 때문에 마음대로 땅을 이용해도 좋다는 뜻으로 해석되곤 한다. 예컨대, 낸시 피어시는 현대 과학과 기술의 동인과 정당화의 근거를 이 구절에서 찾는다.[3]

나는 어린 시절에 현명한 할머니 덕분에 《내셔널지오그래픽》

어린이판을 구독하면서 기독교적 학습자료와 《월드》 어린이판에 나오는 "환경주의"에 의심의 눈초리를 보내게 됐다. 생태학적 위기, 종의 멸종, 지구 건강을 위한 어린이들의 노력 등에는 관심이 있었으나, 동물이나 열대 우림에 대한 관심이 실은 "하나님의 진리를 거짓 것으로 바꾸어 피조물을 조물주보다 더 경배하고 섬기게"(롬 1:25) 할지 모른다는 의심을 품었다. 이 글을 쓰는 순간에도 인간이 지구의 안녕을 위협한다는 것을 부인하고 피조물을 돌보는 일이 자연 숭배에 해당한다고 주장하는 "피조물이 아닌 창조주를 예배하라"는 운동이 페이스북을 포함한 여러 매체를 통해 전개되고 있다. 그러나 고무적인 현상이 있다. 많은 그리스도인이 환경보호 운동을 진지하게 여기기 시작하여 그것이 풍부한 기독교 전통을 갖고 있다는 사실을 재발견하고 있다는 사실이다.

빌 맥키벤이 말하듯이, 현재의 생태학적 위기를 계기로 하나님이 지구에 신경을 많이 쓰신다는 사실을 우리가 깨닫게 된 것 같다. 성경의 농업적 배경이 단지 하나님과 인간 사이에 펼쳐지는 드라마의 배경에 그치지 않고 그 자체로 타당하고 적용 가능한 관심사임을 알게 된 것이다.[4] 『그리스도인은 왜 아무거나 먹을까』(홍성사), 『하나님의 지구 지키기』(Keeping God's Earth), 『하나님처럼 푸르게』(Green Like God), 등 근래에 출간된 책들은 그리스도인에게 창조질서 내에서의 그들의 역할을 재고하고, 지구 및 우리와 함께하는 피조물과의 화해를 위해 일하고, 이상적인 평화의 나라가 이뤄지도록 노력하라고 촉구했다. 바로 이사야서에 이렇게 묘사돼 있는 나라다. "이리가 어린 양과 함께 살며 표범이 어린 염소와 함께 누우며 송아지와 어린 사자와 살진 짐승이 함께 있어 어린 아이에게 끌리며…"(사 11:6).

소설가이자 수필가인 매릴린 로빈슨은 "우리가 이 행성에서 하는 일은, 누가 뭐라고 말하든지, 대단히 특별한 것이다"[15]라고 쓴다. 맞는 말이다. 인간과 그들의 행위는 정말로 깜짝 놀랄만한 것이다. 천사보다 약간 낮은 존재인즉 그렇지 않을까. 하지만 성경은 우리를 창조세계 안에서 다른 피조물과 함께하는 존재로도 그리고 있다. 그 공동체의 일원으로 묘사하는 것이다. 우리는 삶의 모든 영역에서 지구를 사용하고 보호하되 인간을 번성시킬 뿐 아니라 지구와 그 모든 생명체의 안녕을 지키라는 요구도 받았다. 무엇보다 먼저 이 땅과 거기에 있는 모든 것이 하나님께 속해 있음을 기억하면서 동물과 식물을 지켜야 하는 것이다. 로빈슨은 다른 책에서 이렇게 쓰기도 한다. "모세의 율법은 토지가 하나님의 소유라고 전제한다. 히브리인은 토지를 소유할 수 없고 하나님의 기쁜 뜻에 따라 그것을 향유하는 나그네이자 거류민일 뿐이다 (레 25:23)."[16]

피조물과 함께하는 형제와 자매

"다정한 동물들"(The Friendly Beasts)이라는 캐럴은 이렇게 시작한다. "예수, 착하고 선한 우리 형제 / 열악한 마구간에서 겸손히 태어났네 / 다정한 동물들 그 곁에 서 있네." 전통적으로 상상해 왔던 다양한 동물들이 "임마누엘에게 어떤 선물을 드리는지" 뒤이어 나온다. 예를 들면, "텁수룩한 갈색 당나귀는 말하기를 / 내가 그의 엄마를 언덕 너머로 싣고 왔지 / 베들레헴까지 안전하게 모셔왔지"[7] 등이다. 어찌 보면 꽤 별난 노래지만 가사가 지닌 친숙함이 참 좋다. 상상 속 동물들이 피조물 중 맏아들을 겸손하게 섬기는 모습이 좋아 보인다. 그런데 교회에서 이 캐럴을 부른 적은 없는 것 같다. 아마 인간이 아닌 피조물이 예수에 대해 노래하는 것이 너무 이상해서 그런 가보다.[8] 하지만 성경은 우리와 달리 동물은 물론 무생물까지 찬송하는 것을 거리낌 없이 묘사한다.

> 너희 용들과 바다여, 땅에서 여호와를 찬양하라.
> 불과 우박과 눈과 안개와 그의 말씀을 따르는 광풍이며
> 산들과 모든 작은 산과 과수와 모든 백향목이며
> 짐승과 모든 가축과 기는 것과 나는 새며
> 세상의 왕들과 모든 백성들과 고관들과 땅의 모든 재판관들이며
> 총각과 처녀와 노인과 아이들아 여호와의 이름을 찬양할지어다.
> 그의 이름이 홀로 높으시며 그의 영광이 땅과 하늘 위에 뛰어나심이로다.
> (시 148:7-13)

"모든 백성들"—왕들과 고관들과 재판관들까지 포함한—이 바다 생물들, 기상 요소들, 짐승들, 새들, 식물들과 함께 하나님을 찬양하는 모습이 나는 좋다. 몬태나 산맥에 있던 산양들과 꽃들은 거기서 그 존재 자체로 찬송을 불렀다. 그러나 많은 사람은 인간을 동물과 함께하는 피조물로 생각하는 걸 달갑게 여기지 않는

다. 기독교 역사에는 예외적인 인물이 있다. 바로 모든 동물을 "형제"와 "자매"로 부르며 자기 몸을 "당나귀 형제"라고 불렀던 프란치스코였다. 하지만 자신의 "피조물 됨"을 편하게 여겼던 프란치스코는 결코 흔히 볼 수 있는 인물이 아니었다.[9] 이상하게 들릴지 모르지만 성경은 우리를 그와 비슷하게 보는 듯하다. 하나님의 창조세계에 거주하는 피조물, 하나님보다 낮고 동물보다 높지만 궁극적으론 창조된 존재로 본다는 말이다.[10] 지금까지 인류와 환경의 관계를 생각하면 창세기 1장을 지나치게 강조할 때가 많았지만, 성경에 나오는 지혜를 좀더 폭넓게 생각하면 우리 자신을 피조물 위에 군림하는 존재가 아니라 그 공동체의 일원으로 여기게 된다.[11]

빌 맥키벤[12]과 리처드 보컴은 인간의 오만함에 대한 교정책으로 욥기를 제시하는데, 특히 하나님이 욥의 입을 다물게 하려고 폭풍 가운데 그에게 대답하시는 38-39장을 가리킨다. 욥은 우주와 그 속에 있는 것들이 어떻게 작동하는지 전혀 알지 못한다. 이 대목은 오직 하나님만이 바다를 저지하고, 기후를 통제하고, 모든 야생 동물의 생활을 자세히 알고 있다는 사실을 분명히 한다. 하나님은 욥에게 "네가 그렇게 똑똑하다면 이런 신비를 내게 설명해봐라!"고 말하며 계속 질문을 던진다. 물론 욥은 이렇게밖에 말할 수 없다.

보소서 나는 비천하오니 무엇이라 주께 대답하리이까?
손으로 내 입을 가릴 뿐이로소이다.

내가 한 번 말하였사온즉 다시는 더 대답하지 아니하겠나이다. (욥 40:3-5)

하나님의 말씀이란 "강력한 약품"을 맛본 욥은 할 말이 없다.

우리는 분명히 동물과 다르다. 하나님이 우리에게 주신 역할은 특별하다. 그러나 그것은 그저 하나의 역할일 뿐이다. 구약학자 다니엘 블록에 따르면, 우리는 "하나님의 형상"을 우리의 존재론—우리 존재의 본질—이 동물의 그것과 질적으로 다르다는 뜻으로 종종 잘못 해석해왔다고 한다. 오히려 우리는 "우리와 같이 여섯째 날 창조된 육지 동물들과 같다"고 말한다. 하나님의 형상은 **본질**보다는 **기능**과 더 관계가 있다는 게 그의 주장이다. 우리 존재의 특별한 **속성**보다는 창조세계 내의 **역할**과 더 관련이 있다는 말이다. 그리고 우리의 역할은 나머지 창조세계를 "섬기고" 또 "지키는" 것이다. 이런 히브리어 표현은 자연에 대한 우리의 군림을 강조하기보다는 우리가 섬기고 지키는 "대상의 안녕과 유익을 위해 노력을 기울이도록" 요구한다고 그는 설명한다. 우리는 세상에서 하나님의 대리인과 대변인으로 섬기는 셈이다. 따라서 우리는 삶 전체의 성례전적 성격을 알 필요가 있다.[14] 우리의 동무 피조물들—무생물까지 포함한—에 대해 우리는 하나님의 자리에 앉아 있다고 말할 수 있다.

끝없이 늘어나는 쓰레기 매립지, 스모그를 내뿜는 자동차와 공장들, 기후변화, 토질의 황폐화와 종들의 멸종 등 오늘날 생태학적 위기는 우리가 그 고상한 소명을 감당할 수 없는 부족한 존재임을 입증한다. 달리 말하면, 창조세계의 현 상태는 우리에게 불명예를 안겨주고 있다. "지구가 결국은 우리의 주제넘은 행태에 대해 참지 못하는 지경에 도달하는 것 같다는 걸 우리는 알고 있다"고 매릴린 로빈슨은 말한다.[15]

우리는 지구와 동무 피조물에게 수많은 파괴적 학대를 가한 공범자들이라 그 죄책을 피할 길이 없음을 인정하면서도 피조세계가 "다 이제까지 함께 탄식하며 함께 고통을 겪고 있는 것"(롬 8:22)도 사실이다. 만물이 결코 바람직한 상태가 아니고, 우리가 우리의 손으로는 그것을 고칠 수 없다는 것이다. 하나님이 그리는 생태학적 유토피아―"암소와 곰이 함께 먹으며 그것들의 새끼가 함께 엎드리며 사자가 소처럼 풀을 먹을 것이며…"(사 11:7)―가 지금의 현실이 아니란 것은 굳이 말할 필요가 없다. 에덴동산은 동물과 사람이 서로 평화롭고 조화롭게 교통하고 땅이 모두를 위해 쉽게 양식을 산출하는 그런 곳이다. 이런 모습이 예나 지금이나 하나님이 품고 있던(있는) 의도다. 성경이 내다보는 새로운 창조세계는 지구 전체를 구속의 이야기 속에 포함하고, 그 세계를 새로운 에덴으로 그리고 있다. 단, 그 때가 되면 에덴이 지구 전체를 가득 채울 것이다. 우리는 에덴동산과 새로운 창조세계 사이에 살고 있는 존재라서 그 동산으로 되돌아갈 수 없고 우리의 노력으로 새 예루살렘을 불러올 수도 없다. 우리는 **더 이상** 에덴에 있지 않고 **아직도** 예루살렘에 도달하지 못했다.

새로운 창조세계는 "근본적인 변혁"을 내포하겠지만 현 지구를 완전히 대체하지는 않을 것이다.[16] 예수께서는 죽음을 정복하고 무덤에서 부활하셔서 하나님의 새로운 창조를 시작하셨다. 우리는 예수를 좇는 자들로서 새로운 창조의 시대에 살고 있고, 우리가 그분 안에서 하는 모든 일은 영구히 남을 것이다. 하나님이 사랑하는 창조세계를 새롭게 하려는 우리의 노력은 "절벽에 곧 떨어질 기계의 바퀴에 기름칠을 하는 일", "금방 불에 던져질 위대한 그림을 복구시키는 일", 또는 "건축부지로 확정된 정원에 장미를 심는 일"과 비슷한 것이 아니다. 우리는 창조세계를 "섬기고" 또 "지켜야" 하는 우리의 책임을 진지하게 여기며 "이상하게 보일지 몰라도, 부활만큼 믿기가 어려울지언정, 장차 하나님의 새로운 세계의 일부가 될…무언가를 이루고 있는 것이다."[17]

평화로운 농업

우리가 하나님의 창조세계를 돌보는 사역자로서 식량을 재배한다면 어떤 모습일까? 식량 생산은 현재의 환경 위기를 초래한 주범 중의 하나다. 미국의 경우 식량 생산은 자동차에 버금갈 정도로 많은 기름을 소비한다.[18] 100년 전만 해도 사실상 모든 식량이 이른바 "유기농"으로 가까이서 재배된 "지역" 생산물이었고 미국인의 절반 이상이 농촌에서 살았는데, 오늘날에는 겨우 1퍼센트만이 농촌에서 살고 있다.[19] 요즘 유기농 식품의 생산이 급증하고 있긴 하지만 관행재배식품이 유기농 식품보다 훨씬 많고 값도 (판매가만) 싼 편이다. 이른바 관행재배 기술은 화학제품을 사용하는데, 이는 농장 노동자들의 경우 암과 호흡기 질환 등 우리가 먹는 식품에 사용하는 독과 연관된 질병들의 발병률이 더 높다는 것이

증명된 만큼 무척 위험하다.[20]

　가축사육시설 역시 20세기에 근본적인 변화가 일어났다. 예전에 소는 기계로 농사짓기에 부적합한 땅에 살았다. 소는 사람이 먹지 않는 풀을 고기로 전환하는 데 뛰어나다. 그런데 오늘날 풀을 먹고 자라는 소는 드물고 운이 좋은 편이다. 대다수는 집중사육시설에서 항생제를 비롯한 의심스런 물질들이 섞인 유전자 조작된 옥수수를 먹고, 메탄가스를 방출하고, 그 배설물로 거대한 인공 연못을 가득 채워 주변의 물을 오염시킨다. 이런 식으로 사육하면 (슈퍼마켓 가격에서만) 값이 싸지기 때문이다.

　어떻게 이 지경에 이르렀을까? 창조세계—그리고 그 속에 있는 우리—를 번성하게 해주는 그런 식품 생산 시스템으로 되돌아갈 희망이 조금이나마 있을까?

　저널리스트 마이클 폴란은 우리에게 잘 알려지지 않은 유태계 독일인 화학자 프리츠 하버(Fritz Haber)의 이야기를 들려주는데, 최초로 질소를 "고정시키는" 인위적 과정을 만들어 "농업 수준과 인류의 안녕을 증진시킨" 공로로 1918년 노벨상을 받은 인물이다. 모든 생명이 질소—자연이 아미노산과 단백질과 핵산을 합성할 때 사용하는 구성요소—에 의존해 있지만 지구가 공급하는 쓸모있는 질소는 유한하다. 하버는 대기에서 질소의 핵을 취해 유용한 분자로 합성하는 법을 최초로 발견하여 노벨상을 받았다. 하버 덕분에 오늘날 수백만 명이 지구에 존재하게 됐다. 이로 말미암아 화학비료가 개발돼 수확을 크게 증대시켰고, 1970년대 중국에 기근이 들었을 때 많은 생명을 구해낼 수 있었던 것 같다.

그런데 하버의 방법으로 질소를 고정시키려면 엄청난 화석연료가 필요하고, 그로 말미암아 산업형 농업이 대두하게 됐다. 화학비료는 몇 가지 심각한 문제를 안고 있는데, 그중에는 "청색아" 증후군(선천성 심장 기형으로 피부가 푸른빛을 띠는 아기)과 질소로 인한 강이나 호수의 "데드 존" 형성이 포함된다. 하버 자신의 생애가 그의 업적을 그대로 반영했다. 둘 다 "과학의 역설, 자연 조작의 양면성, 동일한 사람과 동일한 지식에서 흘러나올 수 있는 선과 악"을 보여준다. 제1차 세계대전 때 그의 재능을 독일군에게 넘겨주어 인조 질산염을 이용하여 폭탄을 만들게 했다. 그는 또한 독가스 개발에 협조했는데, 나치 강제수용소에서 사용된 치클론 B도 포함되어 있었다. 하버의 아내는 남편의 행태에 역겨움을 느낀 나머지 그의 총으로 스스로 목숨을 끊었다. 하버는 65세에 여행 중 호텔 방에서 심장마비로 세상을 떠났다.[21]

하버의 이야기는 인간의 놀랄 만한 역량과 더불어—인간이 질소를 고정할 수 있으리라고 누가 생각했겠는가?—우리의 연약함도 잘 보여준다. 인공질소비료는 수많은 사람에게 양식을 제공했으나 동시에 수많은 사람에게 폭탄을 투하할 수 있게 만들기도 했다. 제2차 세계대전의 독가스에서 추출한 살충제와 제초제는 해충과 잡초의 통제를 돕고 옥수수 수확을 한층 높이긴 했지만 이 풍성한 수확이 또 다른 문제를 낳았다.

옥수수를 많이 재배하는 것이 문제가 되는 한 가지 이유는 그것이 진짜 음식이 아니라는 점이다. 그 옥수수는 에탄올부터 스테이크, 젤리에 이르는 모든 것을 가공하는 데 필요한 원재료이기 때문이다(사육시설에 갇힌 소를 옥수수 전환 기계로 이용해서 스테이크를 만든다). 슈퍼마켓에 나온 다양한 식품은 실은 옥수수로 만든 것인데 서로 다르게 보이도록 잔머리를 굴린 것이다. 보조금(세금)을 잔뜩 받아서 경제적 이익을 얻는 것은 결국 소수의 회사다. 우리가 온갖 방식으로 섭취하는 옥수수는 그 옛날 스콴토 인디언이 청교도에게 재배하는 법을 가르쳤던 그 옥수수도 아니다. 미국에서 재배된 옥수수의 90퍼센트 가량이 유전자 조작을 거친 다양한 특허품 중의 하나로 추산되고 있다.[22]

유전자조작식품은 제발 그만

유전자조작식품(GMO)과 그 제조사들의 가장 두드러진 특징은 그런 식품들이 특허 생명을 갖고 있다는 점이다. 대부분의 종자는 사기업들이 특허를 냈고 실은 **소유**하고 있다고 해도 과언이 아니다. 마치 하나님만이 창조할 수 있는 생명을 인간이 소유할 수 있는 것처럼 말이다.[23] 어떤 특허 종자들은 농부가 내년을 위해 종자를 남겨두면 안 된다는 조건과 함께 판매된다. 따라서 농부는 회사로부터 꾸준히 종자를 구입해야 하는 것이다. 유전자를 여러 차례 변형시켜 "자살 유전자"를 함유하게 해서 다음 세대가 생산하는 종자들은 아예 생명력을 잃어버리게 되었다. 오랜 세월 반복되던 종자 보존 행습은 끝이 나고 농부는 언제까지나 종자를 얻기 위해 회사에 의존해야 하는 실정이 되고 말았다. 계획적으로 생물학적 생명을 퇴화시키는 것이다. 설상가상으로, GMO 종자

들이 아무도 원치 않는 들판으로 퍼져나간다.[24]

기업식 농업 회사들은 또한 채종법을 개발해왔고 마치 그것이 세계를 구원할 것처럼 선전한다. 예컨대, 황금쌀은 비타민A를 함유하도록 유전자가 조작된 쌀이다. 일부 사람은 이 쌀의 작은 노란 낟알이 비타민A 결핍에서 오는 야맹증을 예방할 수 있다고 믿는다. 하지만 다수는 황금쌀이 예전의 방식으로 영양실조 문제를 해결하지 않고 단 하나의 공예 작물에 의존하게 함으로써 그 문제를 악화시킬 수도 있다고 생각한다. 예전의 방식이란 균형 잡힌 식생활을 위해 다른 식품도 소개하는 것을 말한다.[25] 아울러 비타민A는 지용성이므로 황금쌀을 적절한 지방과 함께 섭취해야 제대로 흡수된다. 그런데 그 쌀의 주요 소비자들은 이렇게 먹지 않는 경우가 많기 때문에 그 유익은 사실상 없다 해도 무방하다.

아이티 관료는 GMO 종자가 의존관계를 초래한다는 사실을 알고 지진이 발생한 직후 세계 최대의 GMO 연구 및 개발 기업인 몬산토가 기증한 GMO 종자의 사용을 거부했다.[26] 만일 당신이 농부들에게 특별한 씨앗과 농약과 제초제와 화학비료가 없이는 식량을 재배할 수 없다고 설득시킬 수만 있다면 그들로 당신의 생산품에 평생 의존하게 만들 수 있다. 아니, 적어도 그들의 돈이 다 떨어질 때까지라도. 기업식 농업을 대변하는 이들은 종종 유기농이 좋기는 하지만 굶주린 지구인을 먹이기에는 비현실적이라는 소리를 한다. 이런 말을 하는 것은 배설물, 햇빛, 윤작, 퇴비, 생태영농법과 지푸라기 등으로는 돈을 많이 벌지 못하기 때문이다. 그러나 자연적인 방법으로 해충과 잡초를 통제하고 토질을 비옥하게 하는 것은 제3세계에서 돈이 덜 들 뿐 아니라 더 쉽게 할 수 있는 일이고, 실은 건강에도 더 좋고 **생산성도 더 높다**.[27]

어떤 이들은 GMO가 전통적인 식물 육종과 비슷하다고 주장할 것이다. 그럴 듯하게 들리지만 실은 그렇지 않다. 전통적 육종은 경이로운 현상이다. 전통적 육종을 통해 아주 작은 낱알을 가진 야생 잡초가 군락으로 변하여 그 맛있는 노란 곡물이 되는 것이다. 이블린 블로흐다노가 『채소의 역사』(*Vegetable: A Biography*)에서 멋지게 보여주듯이, 사람의 손길에 의해 엉겅퀴가 아티초크(식용 꽃봉오리)로 변하는 움직임은 중요한 문화적 업적이다. 그래서 사람이 당나귀와 구별되는 것이다. 사실 식용 작물 대다수는 수백 년 내지 수천 년에 걸쳐 의도적으로, 그리고 우발적으로 야생 식물을 식용으로 바꾼 것이다. 그러나 바실러스 튜링겐시스 독소가 엉겅퀴를 옥수수 유전자로, 물고기 유전자를 토마토의 일부로 만들 수 있는 자연적인 방법은 없다.

유전자조작식품 생산을 주관하는 기업들에게 투명성과 책임성이 없기 때문에[28] 종자의 유전자 조직이 장기적으로 우리와 동물과 땅에 어떤 결과를 초래할지는 도무지 알 수 없다. 옥수수에 든 바실러스 독소가 그것을 먹는 사람과 동물에게 해롭다고 판명이 날까? 유전자조작식품이 새로운 식품 알레르기를 일으킬까?[29] 우리의 과학이 참으로 경이롭긴 하지만 생명의 중심에는 여전히 신비가 있고, 궁극적으로 그것이 하나님의 신비임을 우리가 잊으면 안 된다.

우리는 창조주가 아니기에

옥수수를 기반으로 하는 농업의 다른 문제는 식물 세계의 다양성이 사라지는 바람에 회복이 불가능하도록 토양을 고갈시킨다는 점이다. 토양 고갈은 실로 심각한 문제다. 몸은 토양에서 간접적으로 영양분을 섭취하는데, 토양이 고갈되면 사람이나 빈약한 건강을 초래하게 된다. 옥수수는 과거 어느 때보다 더 많은 곳에서 더 많은 용도로 사용되고 있지만, 고도로 중앙집권적이고 균질적인 시스템—맥도날드처럼 "범세계적인 균일한 맛"[30]을 구상하는 시스템—의 필요성은 식물 왕국에서 다양성을 밀어내고 말았다.

현재 미국에서 재배하는 감자의 종류를 보면 패스트푸드 산업에 필요한 갈색 껍질과 흰 속살을 가진 러셋 버뱅크가 지배적인데, 20세기에 접어들 때만 해도 수천 종의 감자가 재배됐었다.[31] 수확량만 생각하면 단일 경작으로 심는 것이 가장 효과적인 만큼 우리 식재료 대다수가 이런 방법으로 생산되고 있다.

"커지든지 나가든지"는 철학은 아이젠하워 행정부 때 처음으로 장려했다가[32] 닉슨과 포드 대통령 시절에 농무부 장관 얼 부츠가 부활시켰는데, 이는 거대한 단일 경작을 요구하고 엄청난 화석연료에 의존돼 있다. 화석연료가 등장하기 이전에는 농부들이 농작물의 다양성(그리고 거름과 같이 흔한 것들에)에 의존해서 땅에 양분을 주고 해충과 싸웠다. 화석연료의 사용은 분명히 지속 불가능할 뿐만 아니라 다양성의 상실은 인간과 땅에 나쁜 결과를 초래했다. 오로지 옥수수만 끝없이 생산하는 토양은 고갈되어 쓸모가 없어지는데, 이는 식물과 동물, 대기와 우리 등 그 무엇도 감당할 수

없는 일이다. 우리는 잡식성이다. 그래서 들판에서 다양한 곡물을 키우고 다양한 음식을 먹어야 한다.[33]

단일 경작의 위험을 경고하는 실화가 많이 있는데, 그 중에 하나가 아일랜드 감자 기근 이야기다. 19세기 아일랜드 사람들, 특히 가난한 이들은 그 식량을 대규모 감자 단일 경작에 의존하고 있었다. 여러 곡물과 가축에 기반을 둔 혼합 농업에 비해 감자 농사는 비용이 적게 들고 감자는 재배하기가 쉽고 먹기도 쉬워서 많은 아일랜드 사람의 주식이 됐다. 그런데 불행하게도 단일 경작은 병이 빨리 퍼지기 때문에 1845년에 아일랜드 전역이 미생물에 감염되어 그해와 이후 몇 년 동안 감사 농사가 망하고 말았다. 700만 인구 중에 100만 명이 죽고 200만 명이 이민을 떠났다(우리 조상도 이 중 하나다).[34] 만일 옥수수 농사를 망치게 되면 무슨 일이 일어날지 상상해보라. 물론 다양한 생물이 기근을 예방할 수는 없겠지만 그것이 최선의 희망이 아닐까 생각한다.

하나님은 생물의 다양성 그 자체를 귀하게 보시고 지켜야 할 것으로 여기신다. "성경은…대체로 생물학적 다양성을 매우 중요하게 여긴다."[35]- 창세기 앞부분에도 자신이 만든 다양한 피조물을 기뻐하시는 하나님의 모습이 나온다. 앞에서 살펴본 시편 148편 역시 일제히 창조주를 찬양하는 다채로운 피조물 군집—생물과 무생물 모두—을 기뻐하는 듯하다. 성경 저자들이 생물의 다양성이 해충 관리에 중요하다는 사실을 몰랐더라도—단일 경작은 생물의 다양성이 잘 보존된 농경에 비해 해충에 훨씬 약하다—그것이 중요한 것은 지구상의 수많은 종(種)들이 다함께 "하나님을 찬양하는 우주적 심포니"[36]를 조화롭게 연출하기 때문이다.
여기서 노벨상을 받은 케냐의 여교수 왕가리 마타이(Wangari Maathai)의 다음 말이 매우 적절하고 지혜롭다고 생각한다.

지구 전체는 하나의 시스템이고, 우리 인간 종(種)은 그 시스템의 아주 작은 부분일 뿐이다. 거기에는 문자 그대로 수백만 종이 존재한다. 우리가 그들을 알지 못하고 그들의 가치를 알지 못해도 그들을 보존하고 싶다…그들이 어떤 선한 목적을 위해 존재하는지 당신이 모른다고 염려하지 말라. 당신이 그것을 창조하지 않았으니 그 존재 목적을 모르는 것이다. 그냥 있는 그대로 두라. 누가 알겠는가, 장차 언젠가 미래 세대들이 생물의 다양성 때문에 그들이 생존할 수 있다는 사실을 알게 될 수도 있으니까.[37]

마타이 교수는 케냐 여성들 사이에 수백만 그루의 나무를 심고 기르는 풀뿌리 프로젝트인 그린벨트 운동을 개척한 공로로 노벨 평화상을 받았다. 그리스도인이기도 하다. 일부 사람은 '대규모 나무심기 운동이 어떻게 세계 평화에 기여하는가?'하며 노벨상 심사위원회의 결정을 비판하기도 했다. 이에 대해 마타이는 회고록 『위대한 희망』(김영사)에서 이렇게 설명한다. 나무심기 운동은 영국인이 자행한 끔찍한 산림 벌채를 복구하려는 운동인데 "영국인들은 케냐를 식민지로 지배할 때 자생적인 숲을 개벌하고 소나무와 유칼립투스 같은 단일 경작물로 대체했다"고 한다.[38] 요리용 장작의 부족, 건천(乾川)화와 사막화 현상 등은 케냐에서 가장 가난하고 연약한 사람들을 궁지에 몰아넣었고, 이로 말미암아 폭력이 자주 발생한다. 나무심기를 통해 사람들을 돌보고 지구를 치유함으로써 평화를 증진시킬 수 있다고 마타이 교수는 설명한다. 종의 보존은 다른 사람들을 사랑하고, 하나님을 사랑하고, 하나님이 사랑하는 창조세계를 돌보는 하나의 방법이기 때문에 중요한 것이다. 아주 다양한 식재료를 먹는 행위는 생물 다양성을 보존하는 일에 참여하는 길이다.[39] 첫 걸음은 가공된 옥수수로 만들지 않은 식품을 찾아내는 일이다. 이어서 텃밭을 가꾸는 일도 좋다.

동물은 어떻게 봐야 하나?

내가 다니던 보수파 기독교대학 식당 게시판에 누군가 좀더 많은 채식주의 식단을 요청하는 글을 올리자 다른 누군가 응답한답시고 "하나님은 당신이 고기 먹는 것을 원하신다고! 창세기 9장을 읽어봐!"하고 갈겨 써놓았다.

창세기 9장은 창세기 1장에 나온 창조의 축복을 반영하는 대목으로, 사람이 고기를 먹는 것이 하나님의 뜻임을 확증하는 본문으로 자주 인용된다.

> 하나님이 노아와 그 아들들에게 복을 주시며 그들에게 이르시되, "생육하고 번성하여 땅에 충만하라. 땅의 모든 짐승과 공중의 모든 새와 땅에 기는 모든 것과 바다의 모든 물고기가 너희를 두려워하며 너희를 무서워하리니, 이것들은 너희의 손에 붙였음이니라. 모든 산 동물은 너희의 먹을 것이 될지라. 채소 같이 내가 이것을 다 너희에게 주노라." (창 9:1-3)

그런데 고기를 먹도록 허락하는 것은 하나님의 원초적 이상이 아니라 하나의 용인 사항이다. 본래는 모든 동물도 채소만 먹었고 장차 새 창조세계에서도 그렇게 될 것을 감안하면 이상적인 창조세계는 폭력이 전혀 없는 세계인 듯 보인다. 하나님의 이상이 폭력과 죽음이 없는 평화로운 세계라는 점은 거의 논란이 없는 것 같다. 사람과 동물을 막론하고 피를 흘리는 것을 성경은 항상 매우 심각한 문제로 본다. 고기를 먹는 것은 물론 허용되지만 하나님의 이상으로 묘사되지는 않는다. 에덴동산에서도 그렇고 새 예루살렘에서도 마찬가지다.[40]

이에 근거해 어떤 그리스도인들은 성경이 채식주의를 오늘날 그리스도인이 따를 이상으로 제시한다고 주장한다. 채식주의를 법제화할 수는 없지만 칭송해야 한다는 것이다.[41] 그런데 그 대표격인 스티븐 웹은 그의 책 전체에서 성경적인 채식주의 이상과 오늘날 가축 사육을 둘러싼 이슈들을 혼동하는 것 같다. 미국에서 대다수의 식용 동물이 하나님이 보시기에 비열하고 부끄럽고 가혹한 방법으로 사육되고 있음은 엄연한 사실이다. 수많은 책과 기사와 다큐멘터리가 이 주제를 조명한 만큼 나는 이 수치스러운 현실을 간단하게 기술할까 한다.[42]

미국에서 식용으로 사육되는 짐승은 전례없는 방법으로 조직적이고 의도적으로 고통과 잔인한 대우와 착취를 당하고 있다. 인간은 짐승을 고깃덩어리로, 달걀과 우유를 만드는 기계로 취급하고, 호르몬과 항생제 가득한 먹이를 주입하고, 때로는 굶기고 때로는 강제로 먹여서 매우 이른 나이에 잔인한 방법으로 죽인다.

일찍 죽이는 것은 너무 아파서 어차피 곧 죽을 것이기 때문이다. 굉장히 많은 값싼 옥수수를 먹이로 사용할 수 있기 때문에 이 시스템이 돌아가기는 하지만 이는 심각한 환경오염을 일으킬 뿐 아니라 여러 이유로 사람의 건강도 크게 위협한다. "광우병"은 말할 것도 없이 항생물질에 내성이 생긴 병균의 확산과 유해 대장균(예, O157:H7) 발생을 조장한다. 지난 60년 동안 미국에서 연간 1인당 육류 소비량은 거의 78퍼센트나 늘었다.[43] 킬로그램당 몇 달러면 살 수 있지만 결코 값싸지는 않다.

성경 어디서도 동물을 인간이 이용할 대상으로 간주하지 않는다. 오히려 리처드 보컴의 말처럼, 동물을 그 나름의 삶을 가진 주체로 간주한다.[44] 성경이 제시하는 이상적인 모델은 자기 양떼를 돌보는 목자다. 목자는 양떼를 돌볼 책임이 있다는 뜻이다. 하나님이 고기 먹는 것을 허용한 직후에 나오는 금지사항이 이 점을 암시한다. "그러나 고기를 그 생명 되는 피째 먹지 말 것이니라"(창 9:4). 블록은 이 규례를 다음과 같이 이해한다. "이것은 사냥꾼에게 피조물을 만짐으로써 그들과 동일시하게 하고 그들의 죽음에 대해 개인적으로 책임을 지게 만든다."[45] 블록과 보컴은 제각기 동물을 배려하고 돌보는 축산업을 격려하는 수많은 성경 대목을 가리킨다. 가축에게 쉼을 주라는 대목(예, 신 5:14), 길 잃은 가축을 되돌려주라는 대목(신 22:1-3), 과중한 짐을 진 가축을 쉬게 하라는 대목(출 23:12) 등이다. 그 중에서도 가장 간명한 구절은 잠언 12:10절이다.

의인은 자기의 가축의 생명을 돌보나 악인의 긍휼은 잔인이니라.[46]

블록은 다음과 같은 호세아의 메시지를 가리키되 우리를 책망하는 소리로 윽박지르지는 않는다. 우리는 애완동물을 기르는데 매년 수십 억 달러를 쓰면서도 동물의 고통에는 무심하고, "하나님이 동물을 주관하게 했는데도 그 목소리를 듣지 않는" 자들이다.[47]

> 여호와께서 이 땅 주민과 논쟁하시나니
> 이 땅에는 진실도 없고 인애도 없고 하나님을 아는 지식도 없고
> 오직 저주와 속임과 살인과 도둑질과 간음뿐이요
> 포악하여 피가 피를 뒤이음이라.
> 그러므로 이 땅이 슬퍼하며
> 거기 사는 자와 들짐승과 공중에 나는 새가 다 쇠잔할 것이요
> 바다의 고기도 없어지리라. (호 4:1-3)

우리에게는 동물을 길러서 도축할 권리가 없다. 이 때문에 많은 사람이 채식주의 식단을 취할 것이다. 우리 가족이 한동안 채식만 한 것은 방목한 고기를 찾을 수 없었기 때문이다. 하지만 결국 조엘 샐러틴같이 지속가능하고 인자한 방법으로 짐승을 기르고 도축하는 소수의 농부를 찾기로 결심했다. 양질의 고기에 걸맞는 가격을 지불하게 되면 고기를 훨씬 적게 먹게 되고, 이는 우리의 안녕과 지구의 건강을 위해 좋은 일이다. 아울러 방목한 고기

는 우리에게 좋은 지방이 풍부한 반면, 옥수수로 사육된 고기는 그리 좋지 않은 지방이 많고 특히 과다 섭취하는 경우에는 건강에 해롭다. 나아가, 우리는 다른 사람이 차려주는 음식은 그냥 먹기로 결정했는데, 대접하는 사람의 마음을 상하게 하기보다는 우리의 가치관과 다른 음식을 먹는 편이 이웃을 사랑하는 길이기 때문이다.

고기를 먹는 것은 분명히 하나의 용인 사항이고, 식용 동물이 사육되는 방법은 여러 이유로 용납될 수 없지만, 그래도 대다수는 고기를 먹고 있고 또 조만간에 그만 먹을 생각이 없다. 고기를 적게 먹도록 권장할 만한 충분한 이유가 있지만, 분별없이 먹지 않고 사려 깊게 먹는다면 고기를 계속 먹을 이유도 충분히 있다.

성경에 따르면 (에덴에서처럼) 폭력 없는 새 창조세계에서는 동물의 도축도 없는 게 사실이나 농작물 재배도 그리 많지 않은 듯하다. 아담과 하와는 그들의 과수원을 놓고 안달하지 않고, 다만 하나님께서 이미 가꿔놓은 열매를 따서 먹는 것 같다. 모두를 먹이는 분은 바로 하나님이다. 에덴과 새 창조세계 모두에서 땅은 양식으로 적합한 온갖 식물을 자발적으로 산출한다. 우리는 이런 면에서 에덴의 모습에 친숙하고, 요한계시록 22장에 나오는 생명나무는 에덴을 상기시킨다. 아니, 열두 가지 열매를 산출하고 있으니 오히려 그보다 더 낫다.

새로운 창조세계에서는 근본적으로 다른 일, 곧 하나님 편에서의 새로운 창조사역이 이뤄질 것이다. 지금은 생물학적으로 사자(또는 집고양이)가 채소만 먹는 것이 불가능하다. "진정한 샬롬

이 온 세상을 지배하게" 하려고 하나님이 전혀 새로운 일을 하실 것이다.[48] 그러나 현세에서는 육식 동물이 생태계의 일부다. 이 현실을 바꾸기는 불가능하고, 그런 시도는 위험할 수도 있다. 어떤 이들은 우리가 동물과 달리 채식주의 식단을 선택할 수 있다고 주장하지만, 이것은 일부에게만 가능할 뿐 모든 사람에게 가능한 일은 아니다. 몇 년 전만 해도 중산층이었던 사람들이 지금은 식재료를 선택하는 폭이 줄어들었다. 우리 부모가 어린 자녀들을 기르던 시절, 수입이 적었던 당시만 해도 단백질의 출처는 비교적 값싼 스팸과 정부공급용 치즈여서, 고마운 마음으로 그 치즈를 받곤 했다. 오늘날에도 죽은 동물의 시체 이외에 단백질과 지방—에스키모의 경우에는 칼로리—을 공급해주는 공급원이 없는 지역도 많다.

고통당한 동물을 먹지 않겠다는 결심은 그동안 좋은 대우를 받고 수명이 끝나서 죽은 동물을 먹는 것과는 별개의 문제라고 나는 생각한다. 돌봄을 잘 받은 동물의 고기를 먹는 것은 혼합 농업이 개선되는데 도움을 줄 수 있다. 바바라 킹솔버와 조엘 샐러틴에 따르면, 동물을 잘 대우하는 인도적인 농장들 덕분에 많은 채식주의자가 다채로운 식생활을 통해 자비롭게 동물을 길러 도축하는 농부들을 지원할 수 있었다고 한다.

인간의 식생활에서 동물을 배제하는 게 항상 지속가능한 선택이 아닌 것은 생물역학적(biodynamic) 농장에는 반드시 동물이 필요하기 때문이다. 동물의 배설물이 집중가축사육시설에서는 문젯거리지만 토양을 아름답게 채워준다. 방목하는 동물들은 또한 풀이나 못 먹는 식물을 영양가 많은 젖과 고기와 달걀로 바꿔준다. 많은 곳에서는 관개나 토양 상태로 인해 여러 채소를 재배할 수 없지만, 튼튼한 산염소를 비롯한 반추 동물들은 웬만한 식물을 모두 먹을 수 있고, 거꾸로 그들을 돌보는 사람들에게 먹을거리를 제공한다. 그런즉 동물을 젖과 달걀과 고기의 공급원으로 이용하면 사람들의 삶과 토양의 건강을 개선시키고 결국은 생태계의 건강을 도모하게 된다. 그렇기 때문에 극빈자들의 삶에 존엄성과 아름다움을 되돌려주기 위해 많은 일을 하는 하이퍼 인터내셔널(Hiefer International) 같은 단체들이 책임 있는 축산업을 가르치는 일에 초점을 두고 있는 것이다.

고기를 먹는 것은 양식과 자비롭고 인도적이고 기쁜 관계를 맺는 한 가지 방법이지만, 우리 대다수는 고기를 지금보다 적게 먹는 게 좋고, 가능하면 지속가능하고 인도적으로 생산된 고기와 유제품과 달걀을 구입하는 것이 바람직하다.

웬델 베리는 『좋은 땅의 선물』(The Gift of Good Land)에서 모든 먹는 행위—식물 중심의 식재료를 먹는 것도 포함해서—는 모종의 죽음, 땅을 손상시키는 일을 포함한다는 사실을 인정한다.

> 우리는 살기 위해 날마다 피조물의 몸을 찢고 피를 흘려야 한다. 이 점을 알고 사랑스럽게, 노련하게, 경건하게 행한다면 그것은 성찬이다. 반면 무지하게, 탐욕스럽게, 서투르게, 파괴적으로 행한다면 그것은 **신성모독**이다.[49]

경건하게 피조물의 피를 흘리고 몸을 찢는 방식으로 먹는 것은 가능한 일이다. 그것은 지역 농부에게 채소나 달걀이나 고기를 좀더 비싸게 사는 것을 의미하거나, 시간을 투자해 당신의 손으로 직접 식재료를 재배하는 것을 의미한다. 하나님의 창조세계를 사랑하면서 즐겁게 먹는다는 것은 우리가 창조세계의 일원으로 존재한다는 사실을 겸손히 인식하고, 식물과 동물의 다양성을 귀하게 여기며 그들을 보호할 책임을 인정하는 것을 의미한다. 동물을 이용하는 것이 정당하다는 점을 인식하면서도 그 나름의 삶을 가진 주체적 피조물로 존중하는 것을 의미한다. 지금 여기에 살면서도 에덴동산을 기억하고 새로운 창조세계를 고대하는 것을 의미한다. 지역 농산물을 먹고, 텃밭을 가꾸고, 퇴비를 만들고, 재활용하는 것을 의미한다. 물론 그 모습은 시골 사람과 도시 사람이, 물질적 자원이 부족한 사람과 부유한 사람이 서로 다르게 나타날 것이다.

한 마디로, 그것은 하나님을 유념하며 밥상에 앉고, 그분이 사랑하는 피조물을 존중하며, 이런 식으로 먹는 것이―그렇지 않으면 우리가 보유할 것을 포기하더라도―우리에게 최고의 유익과 기쁨을 준다고 믿는 것을 의미한다.

식사기도

아 주님, 백합화를 입히시고
하늘의 새들을 먹이시는 분
어린양들을 목초로, 사슴을 물가로 인도하시는 분
떡과 물고기를 많아지게 하시고
물을 포도주로 만드신 분
아 주님, 우리 밥상에 오소서
손님이자 공급자로. 아멘.

빵 덩어리 뒤에는 눈 같은 밀가루가 있고
밀가루 뒤에는 방앗간이 있고
방앗간 뒤에는 태양과 소나기가 있고
그리고 밀과 하늘 아버지의 뜻도 있습니다. 아멘.

아 하나님
우주의 안내자여,
당신을 찬양합니다.
수많은 생물과 그들의 필요를 창조하시는 분
그들을 먹이려고 창조하신 모든 것을 인해
당신을 찬양합니다.
우주의 생명이여. 아멘.
—유대인의 기도 (Saying Grace로부터)

사랑하는 주님,
우리를 받아주셔서 우리는 행복합니다.
이 모든 행복을 안고
우리는 당신의 은혜 안에서 바다 속의 고래처럼 헤엄을 칩니다.
속담에도 있듯이 "바다는 결코 마르지 않습니다."
그러나 당신의 은혜도 결코 부족하지 않다는 걸 우리는 압니다.
당신이 우리에게 주신 이 음식은 또 하나의 증거입니다.
사랑하는 주님,
당신의 은혜가 곧 우리의 행복입니다.
할렐루야!
―아프리카 기도문 "밥상 기도" 중에서

당신의 햇빛과 당신의 비가 없다면
우리는 황금 곡물을 얻을 수 없습니다.
당신의 사랑이 없다면
우리는 먹을 양식이 없을 것입니다.
일용할 양식을 주셔서 감사합니다. 아멘.

주님, 감사합니다
기쁜 마음과 비와 맑은 날씨를 주셔서.
주님, 감사합니다
이 음식을 주셔서
또 우리가 다함께 있게 해주셔서.

실천하기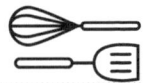

1. 식재료가 어디서 오는지 알아보기
입문서로 『잡식동물의 딜레마』를 읽으면 좋습니다.

2. 베란다에서 허브 키우기
자그마한 씨앗이 묘목으로 자라 먹을거리가 되는 과정을 지켜보는 즐거움은 견줄 데가 없습니다. 여건이 허락한다면 꼭 텃밭을 가꿔보세요.

3. 가까이에서 생산되는 식재료를 구입할 수 있는 경로 알아보기
통계에 따르면, 일주일에 한 끼만 근처에서 유기농으로 재배한 식재료를 먹어도 석유 소비를 엄청나게 줄일 수 있다고 합니다.

4. 고기 안 먹는 날 정하기
우리의 건강과 지구의 건강을 위해 바람직하고, 하나님의 피조물인 동물들에게 자비를 베풀기 위해 육류 소비를 조금만 줄여 봅시다.

5. 기근 지역을 위한 지속 가능한 개발 프로젝트 알아보기
하이퍼 인터내셔널, 브레드포월드, 월드비전 등의 활동을 잘 살펴보세요.

6. 낭비 금지!
꼭 필요한 식품만 구입하고, 남은 음식을 잘 보관하고 오래된 것부터 처분하세요. 냉장고와 식품창고를 잘 정돈해 음식이 상해서 버리는 일이 없게 합시다.

토론하기

1. 텃밭을 가꿔봤거나 농장을 방문한 경험을 나눠보세요. 식물이 자라는 모습을 보고 어떤 느낌이 들었나요?

2. 그리스도인으로서 기후 위기에 대해 어떻게 생각하나요?

3. 성경은 우리에게 어떻게 하나님의 피조물을 기뻐하고 또 존중하라고 말하나요?

4. 자신을 어떤 존재로 생각하나요? 동물들과 함께하는 피조물인 동시에 피조물을 다스리는 지배자로서 어떤 역할을 해야 할까요?

5. 노벨상 수상자인 프리츠 하버와 왕가리 마타이에 관한 대조적인 이야기에 대해 서로 논의해 봅시다. 너무도 판이한 그들의 자연관에 대해서도 얘기해보세요.

6. 저자가 많은 부분을 할애하는 '생물의 다양성'이란 무엇이고 그것이 왜 중요할까요? 생물의 다양성을 위태롭게 하는 것은 무엇이 있나요?

7. 이번 장을 읽고 나서 식생활에 어떤 변화를 주기로 마음먹게 되나요? (어쩌면 이 책을 읽기도 전에) 당신이 이미 실천하고 있는 것이 있다면 얘기해봅시다.

*제안: 다큐멘터리 영화 "푸드 주식회사"를 다함께 보세요.

달래 된장찌개와 가지나물 & 무나물

추운 겨울을 이기고 나온 봄나물, 달래. 단단한 뿌리는 알싸한 매력으로 미각을 자극하고, 혈액순환을 촉진하여 봄을 알려줍니다. 보드랍고 달콤한 맛은 크림에서만 오는 것이 아니지요. 제철 가지와 무 그 자체로 느낄 수 있는 식감을 느껴보세요.

재료: 애호박 1/2개, 달래 100g, 양파 1/4개
육수 재료: 물 3컵, 국물멸치 한 줌, 다시마 사방 10cm, 된장 3큰술

1. 애호박, 달래, 양파는 먹기 좋은 크기로 잘라주세요.
2. 멸치, 다시마로 육수를 만들고 된장을 풀어주세요.
3. 양파, 애호박, 달래를 넣고 한소끔 끓여 찌개를 완성해 주세요.

재료: 가지 2개
양념 재료: 국간장 1큰술, 고춧가루 1작은술, 참기름 1작은술, 통깨 1/2작은술, 쪽파 1/2작은술, 다진마늘 1/2작은술

1. 가지를 통으로 찜기에 넣고 푹 쪄주세요.
2. 삶아진 가지를 길게 찢어주세요.
3. 양념을 넣고 조물조물 무쳐주세요.

재료: 무 1/4개, 소금 1작은술, 참기름 3큰술

1. 무는 채썰어주세요.
2. 참기름을 넣고 무를 볶다가 소금을 넣어 간을 맞춰주세요.

청지기답게 지속 가능한 방식으로 먹는 가장 간단한 방법은 음식 낭비를 줄이는 것이다. 당신이 빵 한 덩이를 낭비한다면, 당신은 그 빵만 낭비하는 게 아니라 그 빵이 당신에게 오는 과정에 들어간 모든 자원도 낭비하는 것이다. 곡물을 심고 수확하고 제분하는 일은 물론이고 빵을 가게까지 운송하고, 포장하고, 오븐을 가열하고, 믹서를 돌리는 일에 들어간 연료 등. 이 관점에서 보면, 일부 사람이 대규모 식품 "구출" 운동에 그토록 열심히 참가하는 이유를 알겠다(참고. foodrescue.org). "프리건"(freegans)으로 알려진 사람들은 버려진 음식을 열심히 찾아서 먹거나 재분배한다. 좀더 평범한 차원에서는, 어려운 시대를 경험한 우리의 할머니와 증조할머니들이 음식 낭비를 한사코 거부하고 남은 음식을 다른 것과 섞어 재활용하는 모습을 흔히 볼 수 있다. 미국에서 먹는 음식의 양과 버리는 음식의 양이 비슷하다는 사실을 감안하면, 지속 가능한 방식으로 먹기 위해 당신이 할 수 있는 최선의 방법은 음식을 덜 낭비하는 것이다. 좀더 작게 포장된 제품을 사고, 한 번에 적게 사고, 쇼핑하거나 주문하기 전에 찬장을 점검하라. 예수께서는 "남은 조각을 거두고 버리는 것이 없게 하라"(요 6:12)고 말씀하셨다.

6장. 창조적인 밥상

음식 준비는 문화를 만드는 행위다

우리 아들 에이단이 말을 배울 때는 빵처럼 생긴 것은 모두 "빵"이라고 불렀다. 에이단에겐 또띠아, 토스트, 포카치아는 물론이고 난과 스콘, 머핀, 바게트까지도 빵이었다. 아주 틀린 건 아니다. 이런 빵 모양을 보면 온 세상 사람들이 어떻게 비슷하기도 하고 다르기도 한지, 또 어떻게 우리가 다양한 곡물을 재배해 맛있고 먹을 만한 것으로 만들었는지를 잘 보여준다.

사실 우리가 먹는 모든 식품은 자연이 낸 산물이기도 하지만 문화적 산물이기도 하다. 야생 식품은 무척 드물다. 식물이나 동물로 만든 대다수의 식품은 재배된 것이다. 요즘에는 원시시대적 식품이 건강에 더 좋다고 주장하는 팔레오 다이어트처럼 지금보다 "더 단순하고" 더 "자연스런" 과거를 이상적으로 그리는 것이 유행처럼 번지고 있다. 그러나 이처럼 원시생활을 이상화함에도 불구하고 오늘날의 팔레오 다이어트는 세계화된 식품 시스템의 작동으로만 가능해진다. 텃밭에서 기르는 당근과 토마토조차 재배된 산물이다. 이블린 블로흐다노는 『채소가 걸어온 길』에서 토마토와 당근과 양배추가 어떻게 야생에서 "재배용" 채소로 바뀌었는지(가축도 마찬가지) 그 내력을 추적한다. 아울러 식품이 어떻게 문화의 일부로 정착됐는지도 살펴보고 있다. 토마토가 없었다면 이탈리아 요리는 어땠을지, 감자가 없었다면 프랑스 요리는 어땠을지 하는 식이다.

사람이 사는 곳마다 음식을 만드는 방법이 다르고, 이런 차이점은 음식의 차원 이상의 의미를 지닌다. 한때 잉글랜드 사람은 조롱을 섞어 프랑스인을 "개구리"라 불렀고, 프랑스인은 잉글랜드 사람을 "로스트비프"라고 놀리기도 했다. 이는 우연이 아니다. 음식은 정체성의 징표다. 브리야 사바랭은 "당신이 먹는 것을 말해보라. 그러면 내가 당신이 어떤 사람인지 말해주겠다"고 말한 것으로 유명하다.[1]

음식 문화를 통해 다른 문화적 산물이 생겨나기도 한다. 농업의 발생은 수렵채집의 종말을 고하고 문명 건설의 시초를 장식했다. 따라서 정착 마을과 소도시, 건축, 예술, 다양한 경제적 교환의 형태들이 생겨났다. (곡물과 같은) 저장 가능한 식품이 생산됨으로써 정착 문명이 창조됐다. 하지만 식품은 "더 중요한" 문화와 예술을 생산하는 연료에 그치지 않고 그 자체가 예나 지금이나 문화적으로 중요한 의미를 지닌다. 음식을 생산하고 준비하고 나누고 대접하는 방식들은 그 자체로 중요한 문화적 행습이자 창조적 관습이다.

예를 들어, 우리 가족이 과테말라 친구들을 초대해 식사를 할 때, 주인이 자기 접시를 손님들에게 먼저 건네지 않으면 무례한 것이고, 동시에 손님이 그 접시를 그냥 받는 것도 똑같이 무례한 행동으로 여겨질 것이다. 작가 에이미 탄은 "조이 럭 클럽"에서 문화의 차이에서 비롯된 모욕적인 발언에 대해 언급했다. 중국계 미국인 어머니는 요리를 내놓으면서 "간이 싱거워서 맛이 없을지도 모르겠네"라고 말했는데, 이는 의례적으로 음식이 맛있다는 반응을 유도하는 말이었다(우리나라에서 "차린 건 없지만…"처럼 쓰는 말이다—옮긴이). 그런데 이 말이 무슨 뜻인지 전혀 감을 못 잡은 미국인 남자친구가 "간장만 조금 치면 괜찮겠네요!"라고 말한 것이다.[2] 유대계인 우리 할머니는 닭을 "올바르게" 준비하려면 먼저 안에서 밖으로 소금으로 문지르고 나서 물로 씻어내야 한다고 하셨다. 피를 말끔히 제거하는 코셔(kosher: 유대인이 구약성경에 나온 대로 먹을 음식을 고르고 다루는 방법—옮긴이) 조리법이었다. 그러나 할머니가 코셔를 엄격하게 지킨 것은 아니었다. 단지 어머니에게서 배운 대로 닭을 씻었을 뿐이다. 영국에서는 사순절 직전 화요일에 골든 시럽을 친 팬케이크를 먹는 "팬케이크데이"를 챙기는 사람들이 많다. 알거나 말거나 이 전통은 동물성 식품을 삼가는 시즌이 시작되기 전에 우유와 달걀을 처분하기 위해 시작됐으며 수백 년 째 지켜오고 있다.

식의주는 모두 필수적인 요소다. 각각의 문화가 자기네 필요와 취향에 알맞은 집을 만들고 옷을 디자인하는 방법을 발견하고 개발하는 것처럼, 음식과 음식 나눔도 우리의 세계관이 구현되는 하나의 양상이다. 신경인류학자 존 알렌은 이렇게 말한다. "음식은 영양분의 가치를 뛰어넘어 암묵적으로 또 명시적으로 중요한 의미가 담긴 문화적 산물이다."[3]

요리는 피조물로 무언가를 만드는 것, 곧 문화를 만드는 행위이고, 세상의 모든 차려진 음식이 대체할 수 없는 중요한 문화적 표출이다. 음식 역사학자 하비 레벤스타인에 따르면, 케이크 믹스가 처음 상품으로 출시됐을 때 인기가 없었던 것은 물만 더하면 될 정도로 너무 간단했기 때문이라고 한다. 나중에 기름과 달걀, 물이나 우유를 추가하도록 믹스를 개량했을 때에야 소비자는 뭔가 할 일이 생겼다며 훨씬 좋아하게 됐다.[4] 이처럼 식품 산업이 개입해 요리하는 일을 단순화시켰다 해도, 우리는 창조적인 본성을 지니도록 창조됐기 때문에 식품으로 더 맛있고 매력적인 음식을 만들게끔 되어 있는 것이다.

즐거움이 왜 중요한가?

여기서 즐거움이 창조적인 요리 행위의 동기가 된다는 자명한 생각을 고찰하고 싶다. 많은 사람이 먹는 즐거움을 죄악시해왔기 때문에, 우리는 먹는 행위에 대해 건전한 생각을 하기 어려워졌다. 우리 문화 가운데는 최대한의 즐거움을 선사하게끔 만든 음식으로 넘쳐나는 한편, 그런 즐거움에 경고를 보내는 이들 역시 넘쳐난다. 채식주의 식단을 옹호하는 한 의사는 『즐거움의 함정』

(*The Pleasure Trap*)이란 불길한 제목이 붙은 책을 쓰기도 했다.

초기 교회에서는 그리스도인 저자들이 몸의 욕구들에 대해 무척 염려했다. 카파도키아 교부(주후 335-395)의 한 명인 니사의 그레고리우스는 "탐식가"가 되는 대여섯 가지 방법에 관한 글을 썼는데, 불안감을 조성하는 이 목록을 훗날 그리 날씬하지 않은 토마스 아퀴나스가 인용한 바 있다. 거기에는 "너무 열심히" 먹는 죄와 "너무 게걸스럽게" 먹는 죄가 포함돼 있다. 즐거움을 경계하는 목소리가 그레고리우스와 아우구스티누스의 시대부터 오늘까지 그리스도인의 태도를 특징짓고 있다. 최근의 베스트셀러 『하나님, 그만 먹고 싶어요』(korea.com)도 이 노선을 좇아 우리는 하나님을 "갈망하도록 만들어졌기" 때문에 음식에 대한 갈망을 본질적으로 위험한 것으로, 죄로 이어질 수 있는 것으로 본다. 저자인 리사 터커스트는 건강에 제일 좋은 음식만 먹는 것을 이상으로 삼는다. 이 견해에 따르면, 먹는 즐거움은 곧 자기 몸을 위해 "올바른 것"을 행하는 지적인 즐거움인 셈이다.[5]

먹는 즐거움을 경계하는 그리스도인의 태도가 보편적이진 않지만 미국에선 특별히 중요한 것으로 간주돼 왔다. 역사가 짧은 미국에서 음식 금욕주의는 꽤 오래 된 편이고 종교적 역사와 얽혀 있으며, 음식 절제를 통해 완벽한 건강을 얻으려는 강박관념과 깊이 연결돼 있는 것 같다. 최초의 미국인 채식주의자로 알려진 인물은 1817년 필라델피아에 한 교회를 세운 윌리엄 메트카프라는 성직자로서, 그는 타락을 초래한 것이 바로 동물의 살을 먹는 행위였다는 관념을 퍼뜨렸다고 한다.[6] (그레이엄 크래커로 유명한) 실베스터 그레이엄 역시 채식주의자이며 금주 옹호자요 장로교 목사로, 직접 만든 호밀빵을 주식으로 하는 형태의 절식을 주창한 인물이다. 그는 육식이 온갖 죄악을, 특히 성적인 죄를 낳는다고 열렬히 믿었다. 이 신념은 미시간의 한 요양원을 창립한 존 하비 켈로그 박사에게 전수되었고 이로써 시리얼이 생겨나게 됐다.

나는 대학 시절에 학교 신문을 편집했는데, 당시에 한 식품영양학과 학생이 건강을 위해 먹는 것이 즐거움을 위해 먹는 것보다 훨씬 중요하다는 주장을 담은 에세이를 제출한 적이 있었다. 더구나 그녀의 주장을 지지하는 성경 구절들까지 늘어놓았다. 정확한 이유는 생각나지 않지만 나는 그 글에 거부반응을 느꼈다. 어쩌면 내가 생활지침으로 삼긴 했으나 싫어했던 교리를 명백하게 드러냈기 때문이었는지도 모른다.

언젠가 내가 음식에서 즐거움을 찾는 것을 여전히 위험하게 여기던 시절, 맥앤치즈를 만든 적이 있다. 보통 마카로니 대신 통밀 마카로니를, 우유 대신 두유를 넣었다. 진짜 치즈를 조금 넣긴 했으나 4분의 3 정도로 줄이고 당근 퓨레를 좀 넣었다. 오 마이 갓.. 끔찍했다. 너무너무 끔찍한 맛이었다. 요리하다 보면 가끔 일어나는 사고 때문에 이렇게 된 게 아니었다. 애초의 계획 자체가 끔찍했고, 즐거움을 겨냥하지 않아서 끔찍했으며, 단지 **건강**만 염두에 두었기 때문에 끔찍했다.

영양은 어느 정도 있었을지도 모르겠다. 몸에 필요한 비타민과 무기질과 에너지를 공급해서 허기를 면하게 했을 것이란 뜻이다. 어쨌든 그 음식을 먹을 수 있어서 감사했다. 그날 밤 세상의 수많은 사람이 먹을 음식보다는 더 좋은 식사였다. 그러나 전혀 만족스럽지 않았다. 조금이라도 만족했다면 그것은 "내 몸에 좋은 일을 하고 있다"는 **관념** 때문에 그랬을 것이다. 이런 종류의 요리—놀랄 만한 재료가 아니라 어떤 생각 때문에 실행하는 요리—는 일종의 금욕주의이고, 즐거움(음식과 먹는 행위의 감각적 경험)보다 (건강에 좋다는) 생각을 우위에 놓는 일이다. 이런 접근에 대해 로버트 파라 카폰은 "커다란 '물질'적인 일에 그와 무관한 철학적 편견을 약간 부과하는 지적인 유행"이라고 말한 바 있다.

먹는 행위는 물질적인 일이다. 몸이 바깥세계와 접하는 중요한 방식인 만큼 수많은 세월 동안 그토록 많은 갈등과 불안이 발생한 접점이었던 것이다. 그런데 "내게 듣고 들을지어다. 그리하면 너희가 좋은 것을 먹을 것이며 너희 자신들이 기름진 것으로 즐거움을 얻으리라"(사 55:2)는 말씀과 함께 우리를 그분의 나라로 부르시는 그 하나님이 또한 우리에게 음식 금욕주의를, 건강을 위해 완벽한 식이요법을 지키라고 요구하실까?

하나님이 "건강식"을 가장 기뻐하신다는 생각에 내가 반대하는 한 가지 이유는 건강식이라는 것 자체가 시대와 장소에 따라 다르고 실은 새로운 개념이기 때문이다. 영양학자들에 따르면, 영양학은 그 연구조사와 원리들이 불과 백여 년 전에 시작된 비교적 최근의 학문이다.[17] 그럼에도 불구하고 영양학자와 의사 등은 "올바른" 식습관에 관한 책을 줄줄이 출판하고 때로는 자기네 입장을 옹호하려고 성경을 이용하기도 한다. 예컨대, 『할렐루야 다이어트』(The Hallelujah Diet)의 노골적 채식주의, 『창조주 다이어트』

(해피니언)의 유기농 잡식주의, 또는 『예수라면 무엇을 먹을까?』 (*What Would Jesus Eat?*)가 권장하는 정기적인 "청소용" 금식 등이다. 기독교식 다이어트 책들은 (멋진 외모 같은) 체중 감소를 동기로 삼는 세속적 입장은 배척하면서도 먹는 일을 일차적으로 최적의 신체 건강을 유지하기 위한 것으로 보는 강력한 담론에는 도전하지 않는다.

우리가 먹는 음식은 물론 우리의 건강과 기능에 중요하다. "슈퍼 사이즈 미"(Super Size Me)에 담긴 모건 스펄록의 실험은 이 점을 선명하게 보여주었다. 그러나 음식의 "옳고" "그름"을 따지는 일에 사로잡히면 우리 영혼이 병들어 음식을 즐거운 선물로 받지 못하게 된다. 우리의 음식 경험은 충분히 새로운 만남과 즐거움의 경험이 될 수 있다. 어쩌면 그렇게 돼야 한다. 물론 누구에게도 유익하지 않은 식생활이 있다. 과도하게 섭취하면 건강에 해로운 식품도 있다. 우리 작은할아버지는 먹을 것이라면 뭐든 다 좋아하셔서 당뇨병 진단을 받고도 많이 드셨다. 오십대 후반에 심장병으로 돌아가시자, 작은할머니는 망연자실하며 식습관을 바꿨다면 죽지 않았을 거라고 화를 내시기도 했다. 우리는 즐거움을 어느 정도 절제할 필요가 있긴 하지만, 그래도 먹음으로써 즐거움을 얻을 수 있음을 다행으로 여긴다.

주목하는 즐거움

성공회 사제 로버트 파라 카폰은 1960년대에 선견지명이 담긴 지혜로운 요리책 『어린양의 만찬』(*The Supper of the Lamb*)을 썼다. 이 책의 앞부분은 자주 인용되는데, 여기서는 양파와의 오랜 만남을 즐기라고 조언한다. 누구랑 만나라고? 이미 본 대로 '양파'가 맞다. 적어도 한 시간은 떼어놓고 양파를 벗기고, 썰고, 관찰하고, 마침내 요리하라고 권한다. 물론 상당히 낯설다. 그러나 당신이 일단 양파를 탐구해서 그것이 무엇인지를 정말로 알게 된 뒤에는 오만한 눈으로 양파를 바라보기가 어렵다. 이런 연습의 취지는 이 책 전반에 반복해서 나온다. 우리가 사물을 그 자체로 만나는 경우가 매우 드물다는 것. 보통은 사물의 용도를 생각하기 마련이다. 그래서 체리는 아름다운 꽃나무에서 나는 짜릿하고 달콤하고 빛나는 과일이 아니라, 항산화물질과 비타민C, 칼륨, 철분, 마그네슘이 풍부한 5칼로리짜리 전달 물질이다. 카폰은 이것이 곧 우상숭배라고 말하며 거듭해서 이 개념으로 돌아가곤 한다.

> [한 사람이] 어떤 것을 있는 그대로 바라보는 대신 그것을 도표로 표시할 때마다, 사물 자체를 존중하지 않고 어떤 용도로 쓸 수 있을지를 생각할 때마다, 실체는 그로부터 살짝 빠져나가고 남은 것이라곤 세상에서 가장 오래된 괴물, 곧 우상밖에 없다.[8]

카폰이 파괴하길 좋아하는 우상 중 하나는 칼로리다. 칼로리는 기껏해야 "안 보이는 작은 유령"일 뿐이라고 한다. 사실 생각해보면 맞는 말이다. 당신은 이제까지 칼로리를 먹어본 적이 없다. 나도 그렇고 어느 누구나 다 똑같다. 칼로리는 열에너지의 단위에 불과하기 때문이다. 1칼로리는 물 1그램을 섭씨 1도 올리는 데 필요한 열에너지의 양에 해당한다.

그런데도 칼로리—논리적으로는 마력에 상당하는 측정 단위—는 발견된 지 오래지 않아 우려하고 피해야 할 그 무엇이 되고 말았다. 체중 감량 프로그램(저칼로리 식이요법에 관해 말하는 내용이 늘 달라진다)은 참가자들에게 자기가 섭취하는 음식의 칼로리를 꼼꼼히 측정하라고 가르친다. 그런데 카폰은 이 모든 것이 추상적인 개념일 뿐이라고 말한다. 그런 것들은 실체가 아니다. 오히려 당신에게 그 실체(식품)를 취해서 그것이 지닌 창조된 본질과 상관없이 이를 측정하고 계산하고 분할하고 추적하라고 강요한다. 칼로리와 추상화된 다이어트는 기껏해야 도표에 불과하다. 그리고 "한 실체가 세상에 있는 모든 도표보다 하나님께 더 가깝다"[91]는 것이 카폰의 주장이다.

기쁜 마음으로 주의를 집중해서 요리하고 또 먹는 일은 음식을 단순한 연료의 차원으로부터 창조세계와 인간됨을 기뻐하는 차원으로 끌어올릴 수 있다.

오늘날 음식 금욕주의가 온갖 메시지를 전파함에도 불구하고, 음식의 질감과 온도의 경이로운 상관관계는 말할 것도 없고 미각과 맛의 독특한 범주들(짠맛, 단맛, 신맛, 쓴맛, 감칠맛)을 생각하면 먹는 일은 생존의 차원을 훨씬 뛰어넘는 것이란 확신이 든다. 애니메이션 영화 "라따뚜이"(*Ratatouille*)에 나오는 요리사(레미)의 말을 빌리면 "인간은 생존하는 존재가 아니라 '살아가는' 존재다!" 레미의 친척들은 다른 사람의 쓰레기통에서 주운 것으로 무조건 배를 채우는데 만족하지만, 레미는 냄새를 맡고 맛을 보고 배합해서 창조하기를 좋아한다. 그에게는 음식이 생존용 연료를 뛰어넘어 삶을 긍정하는 경험이요 열정적인 창조 행위였다. 이 영화는 레미가 그의 친척(쥐)들은 도무지 이해할 수 없는 방식으로 음식을 심미적으로 경험하는 모습을 멋지게 보여준다. 레미가 딸기와 치즈를 맛볼 때는 오색찬란한 그림과 치솟는 멜로디가 펼쳐진다. 그리고 두 가지를 함께 맛볼 때는 폭죽이 터지고 웅장한 교향곡이 흘러나온다. 이와 대조적으로, 그의 형제는 똑같은 것을 맛보면서도 아주 잠시간의 색채와 몇 가닥 가냘픈 곡조만 만날 뿐이다. 이처럼 좋은 재료들이 레미에게는 정상급 화가의 손에 들린 오일 페인트와 작곡가의 손에 있는 음조와 같았던 것이다.

뉴욕 최고의 요리사로 꼽히는 클라우디아 플레밍과 게리 하이든을 인터뷰하면서, 나는 레미에 대한 묘사에 이 훌륭한 요리사들의 헌신과 예술적 수완과 열정이 그대로 반영되어 있음을 깨달았다. 많은 요리사는 스스로를 예술가로 보기보다는 기술을 습득해 열심히 일하는 일꾼으로 생각하지만, 나는 그들이 모든 의미에서 예술가임을 의심하지 않는다. 한 가지 이유를 말하자면, 그들은 손님에게 가장 참신하고 훌륭한 방법으로 최상의 재료를 사용해 만든 요리를 내놓지 못한다면 차라리 빈털터리가 되는 편을 택할 사람들이기 때문이다. 도로시 세이어즈의 표현처럼 그들은 자기네 일에 대한 자부심 때문에 "위태롭게 사는" 사람들이다.

나는 또한 요리사들이 그들의 수완을 요구하는 개별 요소들—원재료, 음식 등—에서 기쁨을 찾는 모습을 보며 놀라기도 하고 기뻐하기도 했다. 두 요리사 모두 많은 수입이 보장된 뉴욕의 식당들을 떠나 포도원과 유기 농장들이 길가에 줄지어 있는 롱아일랜드의 이스트엔드로 옮겼다. 셰프 게리 헤이든의 말마따나 "복숭아가 **제대로 된** 복숭아 맛을 내는" 곳이었다. 헤이든은 눈을 감고 상상력을 발휘해 손으로 복숭아를 잡았다. "**이것이**, 바로 이것이 저의 창조의 영감입니다"라고 말했다.[10]

하지만 우리가 날마다 반복하는 요리도 하나님의 창조사역을 반영할 수 있다. 단, 우리 앞에 놓인 음식 하나하나에 주의를 기울이고, 그 독특한 선물들을 있는 그대로 존중하는 마음으로 요리한다면 그렇다는 말이다. 카폰이 주장했듯, 우리의 진정한 일은 "세상의 사물들을 바라보며 그것들을 있는 그대로 사랑하는 것이다. 그것이 바로 하나님이 하시는 일이고, 사람이 하나님의 형상으로 만들어진 것은 그만한 이유가 있기 때문이다."[11] 복숭아는 그 나름의 독특한 질감과 맛과 향기를 지닌 복숭아이지, 일정 수의 칼로리나 항산화물질 패키지가 아니다. 음식이 아닌 것을 예로 들자면, 농구 게임은 리바운드와 점수, 공수전환을 통계로 만드는 것이 아니다. 그래서 재미있는 농구 게임을 보고 싶은 욕망은 그런 통계를 듣는다고 채워지지 않는다. 그런즉 우리가 하나님이 만드신 것을 존중하고 그 자체에 대해 감사하고, 그 음식이 우리에게서 독립돼 있고 우리가 즐겁게 사용할 수 있는 것임을 유념한다면, 먹는 행위도 일종의 예배가 될 수 있는 것이다.

가장 간단한 요리에도 놀라운 창조성이 깃들여 있음을 이해하려면 음식과 요리를 마치 처음 본 것처럼 여겨야 한다. 어떤 레시피나 요리를 볼 때 그것을 당연시하지 말고 창의력과 기름진 토양과 하나님이 주신 복이 놀랍게 어우러진 산물로 봐야 한다는 뜻이다. 매우 기본적인 요리에도 일종의 창조적 연금술, 가열에 의한 재료의 변화, 갈고 다지는 물리적 작용, 물에 불리고 섞는 화학적 작용 등이 포함돼 있다. 몇 가지 기본 재료만 갖고도 얼마나 다양한 음식을 만들 수 있는지 생각해보라. 빵만 해도 종류가 얼마나 많고, 밥이나 국수를 만드는 방법도 얼마나 많은가! 온 세계 곳곳마다 대대로 내려오는 관습이 있고, 이는 그들의 문화, 곧 주변 세계를 빚어내기 위해 (하나님께 받은) 창의력을 활용하는 방법과 불가분의 관계에 있다. 우리가 원재료—소금, 우유, 토마토, 올리브, 바질 등—를 취해 무언가 맛있는 것, 생명을 유지해주는 아름다운 그 무엇으로 바꾸는 방법은 평범하면서도 비범하다고 할 수 있다.

물론 우리가 먹는 것을 즐기기 위해 반드시 요리를 해야 하는 것은 아니다. 그러나 당신이 먹는 음식에 관해 더 많이 알수록, 그 식품이 재배되고 준비되는 과정을 더 많이 알수록, 그 음식을 먹는 즐거움이 배가될 것이라고 나는 확신한다. 그런 인식과 관심이야말로 하나님답다고 나는 생각한다. 하나님은 창조주라서 깊은 이해와 지식과 사랑의 눈으로 창조세계를 바라보며 기뻐하신다. 우리가 처음부터 재료를 준비해 요리할 때 재료를 제대로 알고 이것들이 어떻게 상호작용하는지, 재료와 열은 어떤 상관관계가 있는지 알면 알수록, 하나님의 창조세계의 풍성함을 더 기뻐하고 아름다움과 창조성을 감상하는 능력을 더 많이 발휘하게 된다. 우리가 부엌에서 아마추어 신세를 벗어나지 못한다고 걱정하지 말라. "아마추어"란 단어는 "(무엇을) 사랑하는 자"라는 뜻의 옛 프랑스어에서 유래했다. 카폰이 말하듯이, 우리는 "세상을 보며 은혜를 되돌아보는" 아마추어가 되도록 창조됐기 때문이다.[12] 달리 말하면, 우리는 모든 피조물을 소중히 여기고 문화 형성의 능력을 발휘함으로써 새로운 피조물로 사는 것이다. 도로시 세이어즈의 말대로 "창조 작업은 곧 사랑의 작업이다."[13]

우리는 굳이 직접 요리를 할 필요가 없는 문화 속에서 살고 있다. 수년 전에 미국 농무성은 미국인이 식비의 절반 정도를 집 바깥에서 소비한다고 추정했다. 이는 역대 최고 비율이다. 이 수치는 갈수록 더 많은 사람이 집 밖에서 일하는 시간이 더 많아지고, 값이 비싸지 않은 식당이 도처에 널려 있고, "가정에서 요리한 음식"의 가치가 하락하고 있는 현상을 반영한다. 미국은 수십 년 전부터 손수 요리하는 문화에서 멀어지기 시작했다. 제2차 세계대전 이후 패키지로 만든 가공식품이 미국인의 요리방식을 바꿔놓았다. 요즘은 가공식품이 우리 몸에 "나쁘다"는 소리를 너무 많이 듣는데, 그것이 여기서 내가 주로 염두에 두고 있는 것은 아니다.

약간 이상하게 들릴지 모르지만, 우리가 텃밭을 가꾸고 손수 요리하는 일은 반문화적이고 구속(救贖)적인 측면이 있다고 나는 확신한다. 그렇다고 해서 이따금 피자를 주문하거나 통조림을 먹는 것이 잘못이란 뜻은 아니다. 물론 그렇지 않다! 그런데 속도와

편리함을 지나치게 강조하다보면—하나님이 우리에게 사랑스런 손길을 베푸는 방법인—음식 자체가 중요하다는 의식을 잃기 쉽고, 하나님의 창조세계를 기뻐하며 창의력을 발휘할 수 있는 기회를 잃게 된다.[14]

어느 해 나는 제대로 된 그린빈 캐서롤(추수감사절에 꼭 먹는 음식 중 하나로 그중에 가장 건강한 요리라고 여겨진다—옮긴이) 을 만들기로 결심했는데 버섯크림과 튀긴 양파와 껍질콩을 통조림에 든 것을 사지 않고 신선한 재료로 만들어보기로 결심했다. 내가 기대했던 맛과 질감은 어떤 것이었던가? 나는 신선한 껍질콩을 사용하고 싶었고, "미리 준비된 통조림 크림"이 아니라 진짜 크림에서 나오는 자연스런 크리미한 맛과 식감을 내고 싶었다. 가공된 양파가 아니라 진짜 양파를 원했다. 다른 것도 마찬가지였다. 통조림 크림수프가 흉내낸 기본적인 화이트소스도 어떻게 만드는지 연구했다. 거기에 신선한 버섯을 비롯한 여러 재료를 더하고 요리 실력을 발휘해 기대했던 완성품을 만들었다. 그 자체로 의미가 있었을 뿐 아니라 가공식품에 대한 미련을 버리게 됐다. 지금은 매년 추수감사절에 맞춰 그린빈 캐서롤을 만든다.

사람들이 가정과 들판을 벗어나 일하기 시작한 것은 산업혁명 때부터다. 이전에는 주로 다양한 종류의 창조적 생산물에 생계를 의존했고, 그중 식량 생산이 대다수였다. 물론 집안 사업에는 단순한 일이 많이 포함돼 있었으나 창조적인 작업으로 인한 만족감도 컸다. 나는 전문화된 경제가 제공하는 기회를 고맙게 여기면서도—예컨대, 내가 책을 쓰는 동안에는 가족에게 음식과 옷을 제공하느라 시간을 쏟지 않아도 되니까—, 우리가 살아가는 동안 비교적 폭넓은 기술을 발휘할 기회가 없다면 삶의 질이 떨어질 것이라고 생각한다.[15] 더구나, 무언가를 생산하지 않는다는 것은 보통 무언가를 소비하고 있다는 뜻이다. 소비자가 되는 것이 우리가 몸담은 이런 경제의 필수요소이긴 해도 궁극적으로 하나님의 창조 설계에 따른 바람직한 모습은 아니다. 우리는 완벽한 파이 크러스트 같은 평범한 것에서 지오반니 로렌초 베르니니가 만든 훌륭한 조각에 이르기까지 놀라운 창조력을 발휘할 수 있는 경이로운 피조물이다.

무언가를 창조하지 않는 것은 우리에게 또 다른 중대한 영향을 미친다. 우리가 무언가를 실제로 창조하지 않고 소비자 편에 서는 데 익숙해지면 그것을 생산하는 데 들어간 요소를 이해하기가 어렵다. 한 가지 예를 들어보겠다.

몇 년 전 나는 뜨개질에 미쳐 짧은 시간에 뜨기, 뒤집어 뜨기, 이랑 짜기, 레이스 만들기, 원형 뜨기로 이음새 없는 옷 만들기 등을 배웠다. 일단 뜨개질로 옷을 만드는 다양한 방법에 익숙해지자 더 이상 스웨터, 모자, 벙어리장갑 등을 예전과 똑같이 바라볼 수 없었다. 가게에서 단순한 스웨터를 보면 "흠, 2인치는 가터 뜨개질을 하고 이런 저런 방법을 사용했군"하고 중얼거리게 됐다. 이처럼 무언가를 생산하고 창조하는 방법을 알게 되면 대다수 사람들이 소비 대상으로 여기는 물건을 보는 당신의 관점이 달라지기 마련이다. 달리 말하면, 우리 자신이 요리에 어느 정도 익숙해지지 않으면 음식의 질을 평가하기가 어렵다는 뜻이다.

과학적 근거는 없지만 내가 생각하기에 요리하길 좋아하는 사람이 요리하지 않는 사람보다 먹는 것을 좋아하고 더 신나게 먹고 즐기는 듯하다. 왜 그럴까? 우리의 미각은 특정한 맛과 질감을 인식하도록 훈련돼 있기 때문이고, 우리가 느끼는 감각의 창조에 관여한 기술과 관련된 먹는 체험에 흥미가 있기 때문이다. 음식을 준비하는 과정에 우리가 주의를 기울이게 되면 그렇지 않을 때보다 우리의 음식을 더 즐길 수 있다. 그리고 음식을 준비하고 먹는 과정에서 음식 자체에 주의를 기울이면 우상을 분별하게 되어 즐거움이 배가된다.

내가 앞에서 언급했듯이 영양분에 대한 관심이 우상이 될 수 있다. "연어 꼭 먹어둬. 오메가3가 풍부하거든." "나 이 시리얼 별로인데, 섬유질은 많아." "프랑스 빵집에서 산 이 크로와상, 완전 맛있는데, 이거 다 먹었으니 난 뚱뚱해지겠지." 각각의 경우에 먹는 사람은 음식 자체와 조우하는 게 아니라 **건강**을 생각하고 있다. 식품에 대한 연상(이를 광고가 자주 이용한다) 또한 우상이 될 소지가 있다. 당신이 아프거나 불안할 때는 어린 시절에 즐겼던 "그리운 옛 음식"이 먹고 싶지 않은가? 그 맛 때문이기보다는 옛 추억이 떠올라 마음이 따스해지기 때문이다. 할머니가 시리얼 조각들로 자기 집과 손자 집 간의 거리를 보여주는 시리얼 광고는 무의식 속에 당신이 그 시리얼을 보면 따스한 할머니의 사랑을 연상하도록 훈련시킨다. 그래서 당신은 그 시리얼 자체보다 그것이 상징하는 생각과 느낌에 이끌려 그 시리얼을 선택하게 되는 것이다.

갑자기 어떤 음식이 먹고 싶어진다면 어떤 연상작용이 일어났나 자문해보라. 당기는 것이 그 음식 자체인가, 아니면 그 음식과 관련된 **생각**인가? (뜬금없이 라면을 먹고 싶어질 때가 있는데, 막상 먹으면 썩 맛이 없다. 어릴 적 친구와 라면을 끓여 먹던 기억 때문인 듯하다.)[16]

요즘은 행복한 연상에 지갑을 여는 시대다. 맥도날드가 자기네 음식을 먹는 것을 "행복한 경험"으로 만들기 위해 이용한 수많은 판매 전략을 생각해보라. 맥도날드 캐릭터나 해피밀을 보면 어떤 생각이 드는가. "당신은 오늘 쉴 자격이 있다"(You deserve a break today: 1971년부터 2014년까지 맥도날드의 상징적인 슬로건이었다—옮긴이)며 우리 안에 따스한 인간관계가 있음을 약속하는 광고는 말할 것도 없다. 우리가 잠시 멈춰 맥도날드가 파는 음식—고도로 가공된 값싼 음식—을 생각해보면, 그것이 건강에 좋지 않고 지구에도 파괴적 영향을 준다는 것을 알게 된다. 맥도날드가 제공하는 즐거움은 올바른 인식이 아니라 무지에 의존하는 그런 즐거움이다. 그것은 소비 중심의 즐거움일지는 모르나 진정한 기쁨은 아니다.

따라서 우리가 즐겁게 먹으려면 창조적으로 먹어야 하고, 그렇게 하려면 손수 요리하는 법을 배우고, 당신 나름의 부엌 문화를 조성하는 한편 창조세계의 경이로움과 인간의 경작에 대해 성찰할 필요가 있다. 요리하는 일은 당신을 더 건강하고 더 행복하게 지켜줄 수 있고, 특히 요리해서 타인과 함께 먹으며 가짜가 아닌 진짜 인간관계를 맺을 때 그러하다! 바바라 킹솔버는 "평생 가장 중요한 포옹"의 일부를 부엌에서 주고받았다고 말하고, 많은 사람이 음식 및 부엌과 관련해 따뜻한 추억을 갖고 있다.

요리는 또한 식품 산업 유통 경로의 맨 끝에서 음식을 먹지 않도록 해준다. 패밀리 레스토랑 같은 데서 나오는 음식의 내력을 확인하는 건 불가능하지만(단, 당신의 접시에 놓인 음식의 상당부분이 공업단지로부터 왔다는 사실만 빼놓고), 당신이 그 출처를 상당히 알고 있는 재료를 갖고 요리하는 일은 얼마든지 가능하다.

뿐만 아니라, 당신이 요리를 배워 재료 간의 미묘한 상호작용에 대해 더 많이 알면 알수록 하나님이 주신 당신의 미각도 더욱 발달하고 그 미각에 맞춰 조립법과 기술도 조정할 수 있게 될 것이다. (맛이 좋아지는 건 물론이고, 이는 참으로 흥미로운 실험이다.)

이렇게 생각할지도 모르겠다. "그런데 나는 좋은 요리사가 아니야. 나는 요리를 싫어하거든." "요리할 시간이 없어." "어디서부터 시작해야 할지 모르겠어." 내가 당신의 모든 염려에 다 답할 수는 없지만 몇 마디 하는 게 좋겠다. 첫째, 누구든지 상당히 잘 요리하는 법을 배울 수 있고, 자주 연습하면 할수록 즐길 만한 활동이 될 수 있다고 나는 분명히 믿는다. 시간문제에 대해서는, 스스로 먹을 음식을 잘 장만하는 법을 배우는 일보다 더 오래도록 쓸모 있는 기술은 별로 없다고 생각하고, 웬만한 식사는 준비하는 데 그리 시간이 많이 들지 않는다. 여러 번 해볼수록 더 쉬워지고 더 빨라질 것이다. 어디에서 시작해야 할지 모르겠다면, 주변의 좋은 요리사가 요리하는 모습을 관찰하는 것이 이상적이지만 TV 요리사들도 좋은 선생이 될 수 있다. 아울러 좋은 요리책과 함께 시작하는 것도 물론 괜찮다.

우리 가족이 정한 원칙은 가능하면 우리가 사는 지역에서 난 제철 음식을 먹는 것이다. 그래서 농장이나 생협에서 직거래도

하고 텃밭에서 상당량의 채소와 감자를 직접 기른다. 달걀은 뒤뜰에서 암탉을 키우는 이웃에게서 구입하고 달걀판은 여러 번 재활용한다. 쇠고기는 가축을 방목해 키우는 동네 목장에서 주문한다. 나는 뜨거운 여름철에 잼과 피클과 복숭아 통조림을 만드는 이상한 사람 중의 하나이고, 일부러 껍질콩을 **지나치게** 많이 심어서 냉동실에 넣고 겨울까지 먹게 보관하는 그런 사람이다. 이런 원칙을 지키기가 어렵다고 생각하는가? 어느 정도는 그렇다. 계획도 잘 짜야 하고 부지런히 일해야 하지만 음식의 품질과 맛은 그런 노력을 보상하고도 남는다. 나는 엄격하기보다는 느슨한 슬로푸드 운동에 기꺼이 동의한다. 이 운동은 가능한 최고의 음식 맛을 즐기는 데 초점을 둔다. 그래서 때로는 싱싱한 그린 샐러드를 먹기 위해 봄까지 기다리는 것이다. 하지만 여기에 우리가 배울 귀중한 교훈이 있다. 바바라 킹솔버는 이를 젊은이에게 순결을 지키는 법을 가르치는 일에 비유한다.

그들이 이상적 환경 아래서 성관계를 경험하기 위해 기다리는 경우에만 그들은 그 참된 가치를 알게 되리라고들 말한다. 이런 소리를 십대가 듣는다. 그것도 무슨 갈망이든 **당장** 채우기 위해 기다릴 줄 모르는 입에서 나오는 말을. 만일 우리가 자녀들에게 계절마다 슈퍼마켓에서 산 식료품을 무차별적으로 먹여서 우리 음식이 무차별적 욕망에 의해 싸구려로 전락하는 것을 무시한다면, 우리는 그들을 난잡하게 키우는 셈이다.

훌륭한 경험을 위한 기다림이라는 헌법 조항은 미국인의 식습

관에서 빠져나간 듯하다. [17]

킹솔버와 그녀의 가족은 일 년 동안 그 지역에서 생산된 식재료만 먹는 실험을 한 적이 있다. 처음에는 염려가 없지 않았으나—그들이 즐길 수 없는 것들을 생각하면서—끝날 때 즈음에는 새로운 생활방식이 너무도 만족스러워 계속 그렇게 살기로 결심했다. "우리가 우리의 [그들이 먹을 수 없는 것만 곰곰이 생각하는] 사고방식을 바꾸고 식사할 때마다 '우리가 가진 것은 무엇인가? 계절에 알맞은 것은? 많이 갖고 있는 것은 무엇인가?'라는 질문을 던진 결과 그것은 기나긴 감사의 연습이 됐다."[18]

당신의 식품 소비에 제한을 두는 것(예: 이 지역에서 생산된 재료로만 만든 식사를 일주일에 몇 번 하겠다)은 창의력을 개발하고 더 즐거운 식사를 가능하게 하는 촉매가 될 수 있다. 창의력은 어느 정도 제한이 있을 때 꽃을 피우는 법이다. (체스터튼은 "호랑이를 그의 우리에서 풀어주되 그의 줄무늬에서는 풀어주지 말라"[19]고 썼다.) 이탈리아 요리에는 토마토와 바질과 올리브오일이 잘 어울리고, 뉴잉글랜드에서는 메이플 시럽에 천천히 졸인 콩, 감자를 넣은 해물 크림수프를 전통 요리로 해먹는 것이 결코 우연이 아니다. 그 장소와 문화, 기후로 인해 그런 유의 식사가 가능하기 때문이고, 이는 캘리포니아와 캐나다 요리 등에도 그대로 적용된다. 당신이 사는 지역은 그 특유의 문화와 기후와 감수성에서 나오는 독특한 요리방식이 (있을 수도 있고 없을 수도) 있다. 어쨌든 맨 처음에는 농부 시장이나 당신의 텃밭에서 마주치는 양파나 감자나 콩과 함께 시작하는 것이 최선이다.

텃밭을 가꾸고 제철 음식을 먹으면 또 다른 뜻밖의 유익이 있다. 계절과 날씨의 변화에 훨씬 민감해진다는 점이다. 이 행습이 (성경의 배경인) 고대 근동 사람들이 공유했던 농업적 사고방식으로 되돌아가게 해준다고 말하면 약간의 과장이겠지만 어느 정도 일리는 있다. 오늘의 전 세계적으로 **지금 모든 것**—칠레산 포도, 뉴질랜드산 키위, 호주산 쇠고기, 플로리다 오렌지 등—이 풍부한 마트가 즐비한데, 여기서 계절과 날씨에 따라 먹는 습관으로 일부러 되돌아가면 우리의 거주지에 좀더 잘 뿌리를 내리고, 하나님이 지정하신 리듬, 곧 비와 햇빛, 추위와 더위, 습기와 가뭄의 리듬에 어울리는 삶을 살 수 있다.

마침내 딸기철이 돌아왔을 때 우리 부부는 딸기를 좋아하는 아이들을 데리고 체험 농장에 가서 마음껏 딸기를 따게 했다. "지금이 정말 딸기철인가요? 완전 좋아요!" 다섯 살 된 아들의 감탄사다. 그동안 내가 1월에 수입 딸기를 사지 않는 이유를 설명해줘서 딸기철이 될 때까지 기다리는 법을 배웠기 때문이다.

딸기철이 되면, 우리는 아이들이 원하기만 하면 식사 때마다 딸기를 내놓는다. 이번 여름에는 우리가 다함께 딸기 줄기 사이에 몸을 굽혀 맛있게 익은 딸기를 따는 즐거움을 만끽하며 규칙적으로 계절과 밤낮을 순환시키는 하나님의 섭리에 온통 경이로움과 기쁨을 느꼈다. 동시에 손수 딸기잼을 만들기 위해 상당량을 남겨두었다. 겨울에 빵에다 딸기잼을 발라 먹으면 여름의 맛을 조금이나마 느낄 수 있고, 온 땅이 회색 구름과 눈으로 덮여 있을 때에도 창조세계의 아름다움과 풍성함을 새삼 깨달을 수 있다.

주변의 신선한 재료와 함께 시작하는 것은 레시피와 함께 시작하는 것과 매우 다르고, 타인의 레시피를 무조건 따르는 것보다 더 많은 수고가 필요하다. 그래서 나는 (그리고 나보다 훨씬 나은 요리사들도) 당신에게 요리의 기본 테크닉에 익숙해지라고 권하는 것이다. 줄리아 차일드가 말하듯 "일단 당신이 어떤 테크닉을 섭렵하면 레시피를 다시 볼 필요가 없다."[20]

테크닉—어떻게 (그리고 왜, 언제) 어떤 것을 양념에 재우고, 밀가루를 뿌리고, 살짝 튀기고, 불에 굽고, 볶고, 찌고, 크림으로 요리하거나 굽는지를 아는 기술—을 알게 되면 레시피가 없어도 당신은 갖고 있는 식재료(예컨대, 호박)로 맛있는 무언가(도래전)를 만들 수 있다.

테크닉을 섭렵하려면 맨 처음에는 물론 누군가의 레시피를 따라야 한다. 나는 줄리아 차일드의 『프랑스 요리』(Mastering the Art of French Cooking)과 TV 요리 프로그램에 나온 책들을 보고 많은 도움을 얻었다. 이 책들은 각 레시피가 어떻게 만들어져서 지금과 같이 실행되고 있는지 자세히 설명한다. 베스트 레시피(The Best Recipe) 시리즈는 주어진 재료들이 어떻게 상호작용을 일으켜 특정한 맛과 질감을 생산하는지 짧은 과학적 교훈들을 통해 잘 가르쳐준다. 이보다 조금 덜 실용적인 책을 소개하자면, 해롤드 맥기의 고전 『음식과 요리』(백년후)를 들 수 있다. 이 책은 부엌에서 흔히 일어나는 일을 놀랍도록 상세하게 설명하는데, 이를테면 달걀을 휘저을 때, 버터를 녹이거나 팬케이크 반죽을 휘저어 섞을 때 어떤 생화학적 작용이 일어나는지, 그리고 최종적인 맛과 냄새와 느낌에 어떤 영향을 미치는지를 설명해준다.

이 가운데 어떤 내용은 굳이 알 필요가 없지만, 내 경우에는 그런 이유를 알게 되어 요리 실력이 많이 늘었고 현재 있는 재료로 즉석요리를 할 수 있게 됐다. 훌륭한 요리에 대해 더 많이 이해하게 되고 이미 알고 있는 레시피를 향상시키는 법도 배우게 된 것이다. 더 나아가, 나는 학교에서 과학 성적이 우수한 편이 아니었음에도 부엌 현장의 생물학과 화학에 큰 흥미를 품게 됐고, 하나님이 주신 창의력을 발휘한 덕분에 텃밭 가꾸기, 농산물 선택, 요리하기 등을 통해 하나님을 기쁘게 됐다. 카폰은 이렇게 썼다.

> 당신 앞에 놓인 마지막 한 조각의 독특성에 주의를 기울이는 미덕의 개발을 결코 멈추지 말라. 우리가 몸담은 세계가 존재하는 것은 언젠가 만들어 오래토록 처박아둔 낡은 재고품이기 때문이 아니라, 그 놀라운 존재의 조각 하나하나가 창조주, 곧 매순간 사랑스런 눈길로 무(無)로부터 그것을 창조하는 창조주에 대한 친밀하고도 즉각적인 반응이기 때문이다.[21]

감각을 즐겁게 하는 요리 행위는 다함께 먹는 행위, 사람과 지구를 배려하면서 생산된 식재료를 선택하는 일, 창조주에게 감사하는 일보다 덜 중요하게 보일지 모른다. 그러나 요리하는 일은 이 각각의 요소를 더욱 향상시킨다. 단 한 번의 맛있는 식사가 지겨운 주부였던 줄리아 차일드를 그 유명한 줄리아 차일드로 바꿔 놓았고, 그녀는 평생 그 식사를 기억할 때마다 경이로움과 흥분을 느꼈다. 그녀를 비롯한 여러 사람이 친구들과 함께 멋진 식사를 즐겼던 경험을 훌륭한 필치로 폭넓게 썼다. 근사한 식사는 사회적 접착제 역할을 하여 사람들 간에 유대를 조성한다.

당신이 손수 만든 음식을 먹게 되면 다른 사람들과 하나님의 창조세계를 배려하는 방식으로 생산된 것을 먹고 있음을 확신할 수 있다. 그런 요리행위는 당신의 감각과 기능을 발휘함으로써 그런 선물을 주신 창조주를 찬양할 뿐 아니라 그런 능력을 창조적으로 사용해 당신과 주변 사람들을 위해 맛있고 향기로운 음식을 만드는 일이기도 하다. 카폰이 말했듯이, 맛은 먹는 행위에 수반되는 불필요한 장식이 아니라 하나님의 한없는 선하심과 은혜를 가리키고 있고, 요리와 먹는 행위는 장차 베풀어질 어린양의 만찬을 위해 우리를 준비시킨다.

> 사람은 영양분을 생각하기 전에 요리를 발명했다. 물론 음식이 우리의 생명을 유지시키지만, 이것은 가장 작고 가장 한시적인 일에 불과하다. 음식의 영원한 목적은 우리의 감각을 연마하여 장차 도래할 날, 곧 우리가 하늘의 잔칫상에 앉아 주님이 얼마나 은혜로운지를 보게 될 날에 대비시키는 것이다…영양분은 한 동안 필요할 뿐이다. 우리에게 영원히 필요한 것은 맛이다…음식은 날마다 불필요한 선함을 먹는 성찬이고, 세계는 언제나 유용하기보다 더 맛있을 것임을 계속 기억하게 만드는 것이다. 필요성은 상투어의 어머니일 뿐이다. 시(詩)를 지으려면 놀이가 필요하다.[22]

식사 기도

주님, 당신은 언제나 신실한 말씀을 하시고 언제나 친절한 행동을 하십니다.
당신은 넘어지는 자들을 모두 붙잡으시고
엎드린 자들을 모두 일으켜 세웁니다.
아 주님, 우리가 당신을 바라보면 당신은 제철에 우리에게 양식을 주십니다.
모든 사람이 당신을 바라보면 당신은 제철에 그들에게 양식을 주십니다.
당신은 당신의 손을 펴십니다. 당신은 모든 생명체의 욕구를 채우십니다.
당신은 언제나 의로운 길을 걸으시고 언제나 친절한 행동을 하십니다.
우리가 당신의 이름을 송축하게 도우소서, 오늘 그리고 영원히. 아멘.
—시편 145편에 기반한 기도

위대한 하나님, 모든 좋은 것을 주시는 분이여,
우리의 찬양을 받으시고 우리의 음식을 축복하소서.
우리에게 은혜와 건강과 힘을 허락하소서.
송축 받을 주님이신 예수 그리스도를 통하여. 아멘.

아 주 예수 그리스도시여, 당신이 없으면 달콤한 것도 맛있는 것도 없습니다.
우리의 음식을 축복하시고, 우리와 함께하셔서 우리 마음을 기쁘게 하소서.
우리가 먹고 마실 때마다 당신의 선하심을 맛보고
당신에게 영예와 영광을 돌리게 하소서. 아멘.
—헨리 8세의 잉글랜드 소기도서에서 각색한 기도

실천하기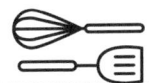

1. **봄을 잘 활용하기**

   지역에서 나는 식재료를 찾아 나서기에 가장 좋은 계절은 봄이죠. 달래, 쑥, 브로콜리, 상추, 딸기, 복숭아 등은 봄철에 가장 신선하고 가장 맛있습니다.

2. **손수 재료를 장만하여 요리하는 음식을 매주 한 가지씩 만들어보기**

3. **친구들과 함께 요리하기**

   주변에 요리를 매우 좋아하는 사람이나 요리사가 꼭 한 사람은 있을 겁니다. 어느 날 오후나 저녁에 다함께 음식을 요리해서 먹을 계획을 세워보세요.

4. **즐겁게 놀이하듯 요리하기**

   주변에서 쉽게 구할 수 있는 과일로 무엇을 만들 수 있을까요? 최소 세 가지 이상 떠올려보세요.

5. **요리 과학에 관한 글 읽기**

   가장 흔한 하나님의 피조물이라도 얼마나 정교한지 한 번 생각해보세요.

6. **천천히 먹기**

   먹는 즐거움은 입 못지않게 마음에도 있답니다. 모든 감각을 동원해 음식을 즐겨보세요.

토론하기

1. 가장 잘 만드는 음식이나 식사는 무엇인가요?

2. 이제까지 어떤 음식 문화를 경험해 보았나요? 어떻게 서로 다르고, 각각 어떤 세계관을 갖고 있나요?

3. 음식 문화는 폭넓은 문화 만들기와 어떤 관계가 있을까요?

4. 먹는 즐거움을 죄악시하는 문화를 경험한 적 있나요? 그런 문화가 어떻게 형성됐을까요? 로버트 파라 카폰은 칼로리가 "우상"이라고 하는데, 무슨 뜻일까요?

5. 당신의 요리 경험에 비춰보면, 요리는 창조적인가요, 그렇지 않은가요? 왜 그렇게 생각하시나요?

6. 쉽게 구할 수 있는 기성식품에 대해 어떻게 생각하시나요? 요리하고픈 의욕이 떨어지진 않나요?

7. 요리를 문화 창조의 행위로 보는 이유로 저자는 무엇을 제시합니까?

8. 당신이 하는 식사들은 당신의 가족, 교회, 또는 공동체를 위해 문화를 만드는 활동이 될 수 있습니다. 어떻게 그렇게 될 수 있을까요?

*제안: 다함께 음식을 요리해서 먹을 계획을 세워보세요.

푸드 스타일리스트 메이의 행복 레시피

봉골레와 그릴드페퍼

조리가 간단하면서도 재료 하나하나의 맛을 느낄 수 있는 올리브오일 파스타, 모시조개의 쫄깃함과 바다의 짭짤함, 마늘의 담담함과 이탈리안 페퍼의 매콤함이 잘 어우러진 봉골레를 만들어봅시다. 그리고 초록색 고추에 따뜻함과 치즈를 입혀 색과 맛, 대중성을 모두 겸비한 그릴드페퍼로 밥상에 신선한 활기를 불어넣어보세요.

재료: 스파게티 150g, 모시조개 300g, 올리브오일 3큰술, 마늘 3톨, 이탈리안페퍼(또는 베트남고추) 1큰술, 올리브 3개, 소금, 후추

1. 스파게티는 충분한 양의 물에 소금을 넣어 삶아주세요.
2. 팬에 올리브오일을 두르고 편으로 썬 마늘을 갈색이 나도록 볶아주세요.
3. 마늘향 나는 기름에 모시조개와 이탈리안페퍼, 으깬올리브를 넣어 조개 입이 벌어질 때까지 볶아주세요.
4. 소금과 후추를 넣어 간을 맞춰주세요.

재료: 꽈리고추 10개, 올리브오일, 파마산치즈, 소금

1. 꽈리고추에 올리브오일을 살짝 뿌려서 팬이나 혹은 오븐(220°)에서 10분간 구워주세요.
2. 구워진 고추를 접시에 담아주세요.
3. 소금, 후추, 파마산치즈를 뿌려주세요.

7장. 구속적인 밥상

식생활과 하나님 나라: 한 걸음부터

내가 음식과 먹는 행위를 기독교적 관점에서 다루는 일을 한다는 것을 알게 되면 사람들은 먼저 자신의 식습관에 대해 사과하곤 한다. 그리고 내가 『할렐루야 다이어트』나 『창조주 다이어트』의 열성 지지자일 것이라고 추측한다. 그런데 밥상 앞에서 이런 주제의 대화를 나눌 때면 참 곤란하기 짝이 없다. 초대받은 집에서 식사할 때는 더더욱 그렇다. 사람들은 거의 예외 없이 내가 그들의 식습관 전반이나 그들이 대접하는 음식에 대해 비판할 것이라 예상한다. 나를 잘 모르거나 내가 요리하는 모습을 보지 못한 사람들은 내가 직접 기른 채소와 햇빛만으로 생계를 유지한다고 생각하는데, 사실 나는 버터 없이 못 산다. 냉장고에 3킬로그램 이상은 쟁여놓아야 직성이 풀린다. 어쩌다 이 사실을 밝히면 백퍼센트 이런 말이 돌아온다. "버터는 몸에 안 좋다고 생각했는데! 동물성 지방은 건강에 해롭지 않나요?"

요즘은 정보가 넘쳐나서 오히려 무엇을 먹어야 할지 무척 헷갈린다. 미디어는 이슈가 될 만한 기사를 쫓아다니고("채소를 먹어라"라는 기사는 주간지 1면 탑뉴스가 될 수 없지 않은가), 식품 산업 로비스트는 자기들이 지원한 연구결과를 정부 기관이 부정적으로 발표하지 못하게 하기 위해 동분서주한다. (고대 농업의 산물인 버터는 포화지방 덩어리인가? 마가린은 콜레스테롤이 전혀 없는, 실험실의 위업인가?)

이런 논의를 복잡하게 만드는 요인 중 하나는 매리언 네슬레가 "영양에 의한 영양"(nutrient-by-nutrient) 담론이라 부르는 것이다. 이 담론은 이런 식으로 진행된다. 프랑스인들이 마시는 레드와인이 심장병 예방에 어느 정도 효과가 있는데, 이는 그 안에 함유된 레스베라트롤(resveratrol)이라는 물질 때문인 듯하다고 한다. 그러면 미국 식품연구소에서 앞다투어 레드와인 영양제를 만들어내고, 시리얼 회사에서는 이를 자기네 시리얼에 넣고, 소비자들은 이런 영양제가 실제로 레드와인을 마시는 것과 똑같은(또는 비슷한) 유익을 줄 것으로 믿고 그 시리얼을 구매한다.

네슬레는 이렇게 말한다. "영양에 의한 영양 과학의 문제는 영양분을 식품의 맥락에서 분리시키고, 식품을 식생활의 맥락에서 분리시키고, 식생활을 생활방식의 맥락에서 분리시킨다는 점이다."

이런 마법의 화합물을 추출해서 만든 영양제가 과연 얼마나 유익할까? 비타민과 미네랄 영양제는 효과가 없고 어떤 경우에는 해로울 수도 있다는 연구가 무수하다. 저지방 우유가 일반 우유보다 건강에 더 좋다고 생각하는 사람도 많은데, 이는 버터의 경우처럼 유지방에 대해 오해하기 때문이다. 유지방에 중요한 항암 성분이 있다는 연구 결과도 있다. 그렇다면 그 지방을 섭취하지 않으면 도리어 위험을 자초하는 셈이다.

참 혼란스럽기 그지없다.

영양학은 비교적 최근에 나온 학문이다. 따라서 영양학자들이 확신을 품고 말할 수 있는 항목은 많지 않다. "과일 스낵"이나 "채소 칩"보다 가공되지 않은 식품—그냥 과일, 채소, 통밀 등—을 먹는 것이 더 좋다는 점은 논란의 여지가 없다. 더 나아가서, 마이클 폴란이 『마이클 폴란의 행복한 밥상』(다른세상)에서 설득력있게 주장하듯, 엄청나게 다양한 식습관—채식주의자, 육식주의자, 잡식주의자, 그리고 그 사이의 모든 입장—모두 건강에 좋을 수 있다. 어쨌든 이런저런 "좋은" 또는 "나쁜" 영양분을 따로 떼어내는 것은 별로 유익하지 않다. 그리고 매리언 네슬레가 지적하듯 "생활방식의 맥락 역시 중요하다."[1]

맬컴 글래드웰이 쓴 『아웃라이어』(김영사)에는 한 이탈리아 공동체에 관한 이야기가 나온다. 그 공동체는 비만율이 비교적 높고 건강에 나쁘다고 알려진 것들이 담긴 음식을 많이 먹는데도 심장병이 없었다고 한다.[2] 연구자들은 그 수수께끼에 흥미를 느껴 연구에 착수했고, 낮은 스트레스와 공동체 생활의 고도의 상호작용이 그들의 건강을 지켜준 요인임을 발견하게 됐다. 글래드웰의 관심사는 식습관과 생활방식보다는 성공과 안녕에 기여하는 미검토된 요인들에 있지만, 나로서는 이 이야기가 네슬레의 주장, 곧 영양분을 음식에서, 음식을 식습관에서, 식습관을 생활방식에서 떼어놓을 수 없다는 주장이 옳다는 것을 확증하고 있음을 보지 않을 수 없다. 사실 모든 것이 중요하고, 거기에는 (어쩌면 특히) 우리가 중요하게 여기지 않는 것들까지 포함된다.

즐거움 같은 것 말이다.

우리가 이제껏 살펴본 대로, 즐겁게 먹는다는 것은 단순히 앉아서 음식을 즐기는 것 이상을 의미한다(이것도 물론 중요한 일부이긴 하지만!). 즐겁게 먹는다는 것은 음식을 하나님의 선물로 받아들이는 것을 뜻한다. 이를 노먼 워즈바는 "먹을 수 있는 하나님의 사랑"이라 부른다.[3] 이는 가능한 한, 우리에게 양식을 제공하는 땅과 짐승과 사람들을 위해 생명을 번성케 하는 그런 양식을 선택하는 것을 의미한다. 또한 사람 상호간의 건강과 풍성함을 도모하는 방식으로 타인과 함께 음식을 먹는 것을 의미한다. 아울러 창조주 하나님의 형상으로 만들어진 존재로서 우리의 창의력을 포용하면서 하나님의 선물을 기뻐하는 방식으로, 그리고 우리의 모든 감각에 즐거움을 불러일으키는 방식으로 음식을 준비하는 것을 의미한다.

감사하는 마음으로 먹어라

오늘날의 프랑스는 거의 세속화되었다. 그들의 종교는 요리다. 미국 복음주의자들이 어려운 신학 문제를 놓고 토론하고, 성찬용 빵과 포도주의 본질에 대해 논쟁하고, 찬송가와 복음성가를 둘러싸고 갈등에 빠지는 것처럼, 프랑스 사람들은 베샤멜소스에 들어가는 버터의 적정 비율, 그라탕 도피누아에 치즈가 들어가는지 여부, 최고의 쇠고기, 치즈, 버터, 또는 포도주를 생산하는 지역이 어디인지 등을 놓고 논쟁을 벌인다. 뿐만 아니라, 창의력과 세심함을 발휘해 음식을 준비하는 일, 다함께 먹는 일, 한 입씩 먹을 때마다 맛을 음미하는 일, 무언가를 마시며 긴장을 푸는 일 등을 종교적 열정으로 추구한다. 이 모든 것과 산책과 사이클링과 야외 활동을 활발히 하는 프랑스인의 전반적인 생활방식이 잘 결합된 결과 심장병과 암 발병률이 낮아지게 된 것이다.

우리 모두 프랑스로 이주하자고, 또는 "좀더 프랑스식"으로 음식을 먹자고 제안하는 것이 아니다. 그러나 프랑스 식문화가 우리에게 주는 교훈은 분명히 있다. 음식을 천천히 먹는 것, 계절을 잘 지키는 것, 지역 식재료를 구입할 가게가 많은 것, 다른 사람들과 함께 먹는 것, 그리고 즐겁게 먹는 것 등. 그중 최고의 특징은 (이는 유럽 전반에 해당한다) 음식 문화를 부유하고 까다로운 미식가들의 관심사로 보지 않는다는 점일 것이다. 프랑스에서는 음식이 곧 사랑이고, 음식이 곧 축제이며, 음식이 맛있다. 이런 맥락에서는 이 모든 것을 풍성하게 베푸시고 즐기게 하시는 하나님께 찬송과 감사를 드리는 일이 무척 자연스럽다.

즐겁게 음식을 먹는 문화는 요즘처럼 계속 뉴스와 서점을 장식하고 사람들의 머릿속에 담겨 있는, 많은 것을 제한하는 다이어트와는 거리가 멀다. 수많은 종류의 다이어트들은 십중팔구다른 사람과 함께 밥먹는 것과 가까이 있는 음식을 먹는 것을 어렵게 만들고, 먹고 있는 음식을 즐기기 어렵게 한다. 더구나, 다이어트와 병행되는 제한적 태도(어떤 것은 "허용되고" 어떤 것은 "금지되고" 어떤 것은 "좋고" 어떤 것은 "나쁘다")로 인해 "에덴동산 증후군", 곧 우리에게 허용되지 않은 한 가지를 갈망하게 된다. 이 때문에 다이어트가 장기적인 변화를 도모하는 데는 효과가 없는 것으로 거듭 판명됐다. 린 거버는 『똑바르고 좁은 길 찾기』(Seeking the Straight and Narrow)에서 인기 프로그램 '퍼스트 플레이스'에 참여한 사람들이 "칼로리 보고서"를 작성하는 일이 유익하지 않고 "그 프로의 주목적, 곧 음식보다 하나님께 초점을 두는 것을 방해한다"고 밝힌 것으로 전한다.[4] 엘린 새터에 따르면, 음식 섭취에 제한을 두지 않고 편안한 마음으로 먹을 만큼 즐기는 성인들이 그렇지 않은 이들보다 건강 체중을 유지하고 콜레스테롤과 혈압 등을 건강하게 유지할 가능성이 더 높다고 한다. 역설적이긴 해도 충분히 이해가 된다. 무엇이든 허용하면 죄책감과 불안감 없이 즐길 수 있기 때문이다.

그런즉 땅이 양식을 내게 하시는 하나님께 진심으로 감사하면서 즐겁게 먹어라! 당신이 손님으로 초대받아 누군가의 밥상에 앉을 때, 당신 앞에 놓인 땅콩버터 크래커가 그날 가장 좋은 음식일 때, 집에서 홀로 식사를 할 때 등을 막론하고 당신은 하나님과 함께 있다. 그 음식이 무엇이든 간에 그것은 하나님으로부터 왔다. 그러므로 하나님께 감사하라. 그분이 주신 양식을 즐겨라!

우리가 준비하는 과정을 통해 하나님의 선하심이 드러난다

모든 식품이 똑같은 정도로 하나님의 선하심을 가리키는 것은 아니다. 예컨대, 다른 사람들의 고통과 고난을 거쳐 우리 손에 도달하는 초콜릿과 커피 같은 식품도 있다. 아프리카 서부 해안만 해도 코코아 농장에서 노예처럼 일하는 아동이 20만 명으로 추산되고, 생계를 유지하려고 커피, 바닐라, 야자유, 설탕, 코코넛 같은 품목을 생산하는 농부가 수없이 많다.

공정무역이 개발도상국 국민들이 당하는 불의를 해결하는 완벽한 해결책은 아니겠지만 올바른 방향으로 나가는 큰 걸음임은 분명하다. 공정무역 상품이 좀더 비싼 것은 사실이나 당신이 책임있는 선택을 통해 **이웃을 사랑하고** 있는 것도 사실이다. 당신이 공정무역 식품에 쓰는 돈을 일종의 원조로 생각해도 좋다. 국제적인 가난과 정의 구호 단체 옥스팜(Oxfam)에 따르면, 선진국들이 지원금으로 1달러를 주면 불공정무역을 통해 2달러를 **가져간다**고 한다. 이는 당신이 공정무역 커피를 마신다면 아동 후원을 그만둬도 된다는 뜻이 아니고, 초콜릿을 팔아 기금을 마련하는 행사가 모순을 안고 있지 않은지 생각해봐야 한다는 뜻이다. 수입품 대다수가 필수품이 아닌 사치품임을 고려한다면 다양한 공정무역 상품을 구입하기 위해 더욱 애써야 한다. 타인의 고통을 통해 우리에게 오는 식품을 자발적으로 피하는 일은 하나님과 이웃을 사랑하기 위해 치를 작은 희생이다.

하지만 우리 이웃에게 영향을 주는 상품은 초콜릿과 커피와 여타 사치품에만 국한되지 않는다. 패스트푸드 같은 고도 가공식품은 옥수수와 콩과 밀을 대량 생산하게 함으로써 대체로 사람의 건강에 해롭고, 동물에게 잔인하고, 하나님의 창조세계를 손상시킨다. 대량 생산을 통해 정부보조금을 받을 뿐 아니라 값싼 곡물을 세계 시장에 대량으로 쏟아내 다른 국가들과 불공정무역 관계를 맺기도 한다. 맥도날드 식품은 생산단계마다 수많은 불의가 연루돼 있어 하나님의 사랑과 공급의 손길을 분명히 가리킬 수 없다. 이와 반대로, 당신은 가능한 한 가장 좋은 재료를 사 신선한 음식을 준비함으로써, 당신의 몸에도 좋은 그 음식이 하나님의 은혜로운 손길, 곧 사람의 도움을 받아 땅으로 양식을 내게 하고 날과 절기를 운행하시는 그 손길을 명백히 드러나게 할 수 있다. 이 얼마나 아름다운 일인가! 그러면서도 나는 혼자 쓸쓸히 유기농 샐러드를 먹는 것보다는 우정을 위해 친구들과 이따금 맥도날드에서 식사하는 편이 낫다고 말하고 싶다.

   맨 처음 시도하기에 가장 좋은 장소는 집이다. 마당이나 옥상, 또는 근처의 공유지라도 있으면 먹을거리를 기를 수 있다. 이 책이 텃밭 가꾸기 매뉴얼은 아니지만, 무언가를 길러보라고, 베란다에서 식용 허브라도 재배하길 권한다. 어떤 채소는 기르기가 어렵지만(브로콜리는 제대로 키운 적이 없다) 강낭콩 같은 채소는 조금만 신경을 써도 잘 자란다. 웬델 베리의 말대로 텃밭 가꾸기는 새로운 문제를 유발하지 않으면서도(그 많은 호박을 어떻게 할지만 빼놓고) 여러 문제를 해결해준다.[5] 일단 먹을거리를 길러보면 그것이 어떻게 그리고 누구의 손으로 자랐는지 확실히 알게 된다! 그 채소에 가족에게 주고 싶지 않은 성분이 들어있을 위험이 없고, 그것이 장거리 트럭을 타고 당신에게 올 필요도 없다.

이밖에도 텃밭을 가꿀 만한 또 다른 이유가 있다. 몸을 움직일 꺼리를 만들어주고, 자기 먹을거리를 모두 재배해야 하는 이들(무척 힘든 작업이다!)을 존경하게 해주고, 당신을 이 피조세계의 순환에 맞춰준다. 나는 텃밭에 있을 때만큼 하나님의 임재(그리고 그분에 대한 큰 감사)를 더 많이 느끼는 경우가 별로 없다. 생각하고, 운동하고, 햇빛을 즐기고 신선한 공기를 마시며 시간을 보내는 곳이기도 하다. 동전 하나에 스무 개도 넘게 얹을 수 있는 작은 씨앗이 어떻게 2.4미터에 달하는 거대한 토마토 나무로 자라는지 그 신비로운 현상을 곰곰이 생각해보는 곳이다. 그 보잘것없는 개체가 도대체 무엇이 될 수 있을까 하고 의심하던 내 마음을 되돌아보기도 한다. 텃밭에서 나는 봄철에 맨 처음 딸기가 서서히 익어가는 모습을 보면 흐뭇해지고, 우리 아이들은 무가 땅에서 불쑥 솟아오르는 광경에 환호성을 지른다.

텃밭을 가꾸려면 시간과 공간과 노하우가 필요하고, 누구나 그런 것을 갖고 있지는 않다. 최근에 미국에서는 공동체 지원 경작(community supported agriculture: 꾸러미 또는 생협 정도로 보면 되겠다—옮긴이)이 무척 인기다. 거기에 당신이 가입하면 농부들의 수확의 일부를 받기 위해 그들에게 선불을 지급한다. 농산물만 취급하는 꾸러미도 있지만, 우유, 달걀, 육류, 꿀 등을 같이 취급하는 곳도 많다. 보통은 당신이 원하는 식재료를 고를 수 있다. 약간의 인터넷 검색과 수소문이 필요하지만, 당신이 살고 있는 지역 식품을 어느 정도는 구입할 수 있을 것이다. 그리고 텃밭을 가꿀 때와 같이 여기에도 몇 가지 이점이 있다. 당신의 식재료가 어디서 오는지 잘 알게 되고, 당신의 먹을거리를 위해 수고하는 사람들과 동물들과 관계 맺을 수 있고, 그 결과 좀더 구체적인 내용을 갖고 하나님께 감사를 드릴 수 있다. 내 경우에는 이웃 집 마당에서 구입한 달걀을 깨는 경험은 가게에서 사온 달걀을 부수는 경험과 전혀 다르다. 물론 두 종류의 달걀 모두에 대해 하나님께 감사할 수 있지만, 첫째의 경우에는 홍길동의 달걀에 대해 하나님께 감사하게 되고, 마음속에 먹이를 찾으러 고개를 삐죽이 내미는 암탉을 그릴 수 있다.

책임감 있게 재배한 지역 식품을 선택하게 되면 공정무역 식품처럼 값이 더 비싼 게 사실이다. 유기농 과자 한 박스와 다른 과자 한 박스의 값을 비교하면 입이 떡 벌어진다. 그러나 포장 식품(포테이토칩, 크래커, 쿠키)의 양을 줄이고 가정에서 만든 음식으로 대체하면 식비가 그리 많이 증가하지는 않을 것이다. 물론 가공되지 않은 식재료를 가공하는 일은 당신의 몫이다! 나는 집에서 일하며 홈스쿨링을 하기에, 시간이 소중하고 요리에 상당한 시간이 필요하다는 것을 잘 알고 있다. 또한 광고업자들이 요리는 어렵고, 너무도 많은 시간을 잡아먹고, 우리는 너무 바빠 요리할 시간이 없다는 식으로 우리를 설득하러 애써온 것도 알고 있다. 그러나 사실 내가 요리하는 음식 대다수는 준비하는 데 한 시간이 채 걸리지 않고, 자주 먹는 음식은 30분 이내로 준비할 수 있다. 그리고 솔직히 말하면 무언가를 요리할 시간을 내는 것이 어렵지는 않다. 어쨌든 우리는 인터넷과 스마트폰과 "집밥 OOO" 같은 요리 프로그램을 보느라 상당한 시간을 쓰고 있지 않은가! 아이러니하게도, 최근 가정 요리는 줄어들었는데도 요리 프로는 갈수록 더 인기를 얻는 중이다. 소스와 채소만 넣은 간단한 파스타를 만드는 데는 요리 프로를 시청하는 시간보다 적은 시간이 든다.

   만일 우리가 이런 결정을 한다면 어떻게 될까? 요리를 지겨운 일이 아닌 창조적 행위로 본다면? 재료를 썰고 튀기고 찌는 시간을 시각, 후각, 청각, 미각으로 그 음식을 섭취하는 기회로 삼는다면? 요리하는 동안 주의를 집중하는 훈련은 하나님의 창조세계를 경험하는 한편 나 자신의 창의력을 발휘하는 또 하나의 방법이다. 나는 양파를 완벽한 네모로 잘라 올리브오일과 함께 뜨거운 팬에 넣고, 그 조각들이 김을 내뿜고 천천히 반투명해지고 짙은 갈색이 되는 과정을 지켜보는 것을 좋아한다. 볶아서 갈색이 된 양파는 카레나 쇠고기 스튜에 이르기까지 두루두루 쓰인다. 이것이 바로 양파다! 나는 요리하다가 맛을 보면서 머릿속에 냉장고와 찬장과 텃밭에 있는 것을 떠올리며 약간 실험하고픈 생각을 품게 되고—파프리카를 조금 더 넣으면 씹는 맛이 더 있을까? 버터를 약간 더 넣으면 부드러워질까?—마침내 새로운 일상 문화를 창조하고 만다. 그렇다고 내가 요리에 싫증난 적이 없다는 말은 아니다. 분명 그런 적이 있다. 우리 집에서도 일주일에 한 번 정도는 중국 요리를 포장해 와서 먹는다. 그러나 대체로 내가 요리에서 얻는 창조에너지는 나를 고갈시키기보다 충만하게 한다. 아마 오랜 시간에 걸친 경험의 결과일 것이다. 내가 아는 많은 사람은 간단한 음식을 잘 준비하는 법을 배우는 데서 큰 만족감을 얻고 있다.

소박함과 축제

소박함과 축제—또는 "평범함"과 "명절"—이 두 단어는 날마다, 주마다, 해마다 즐겁게 먹는 행습을 묘사하기에 적절하다. 축제의 날과 평범한 날이 번갈아 도래하는 리듬은 교회력은 물론 아직도 전통에 따라 절기에 맞는 음식을 먹는 문화에 속해 있다. 그런데 우리는 이 모든 순환을 거의 잃고 말았다. 내가 좋아하는 어린이 책들을 읽으면 선구자 집안에는 아직도 축제의 리듬이 살아 있는 것을 알 수 있다. 평범한 날에는 음식이 무척 소박하고, 설탕도 아껴서 쓰고, 가게에서 구입한 식품은 여럿이 함께할 때를 위해 남겨둔다. 그러나 예컨대, 크리스마스가 되면 여러 종류의 고기와 다양한 요리, 집에서 만든 온갖 파이와 쿠키, 캔디를 즐긴다. 어떤 가정은 너무도 소박한 음식만 먹어서 페퍼민트 스틱과 손으로 짠 벙어리장갑과 집에서 만든 봉제 인형만 있어도 "매우 풍성한 크리스마스"가 된다. 도리스 롱에이커는 『더 적은 것으로 더 많이』(More-with-Less)라는 요리책에서 케이크 프로스팅(아이싱슈거나 버터, 우유 등 다양한 재료를 섞어 크림처럼 만들어 케이크의 곁에 바르는 것—옮긴이)을 가지고 소비 패턴에 대해 묘사한다.

우리 할머니는 생일 케이크에만 프로스팅을 했다. 우리 어머니는 대부분의 케이크에 프로스팅을 하되 옆에는 하지 않고 층간과 맨 위에만 얇게 했다. 최근까지만 해도 나는 프로스팅을 한 대접 만들고 모든 면에 왕창왕창 발라서 손가락으로 핥아먹는 양도 상당했다.

우리가 날마다 만찬을 먹는다면 "특별한 날"을 특별하게 만들기 위해선 무리한 시도를 해야 할 것이다. 그보다는 평일에는 일부러 간소하게 먹다가 특별한 날에는 그에 걸맞는 음식을 먹는 편이 낫지 않을까.

과도한 소비에 엄격하게 대처하려는 사람들이 무언가를 축하하는 데 너무 인색한 경우가 종종 있다. 컵케이크는 날마다 먹으면 안 되겠지만 그렇다고 자녀들의 생일에 먹지 말라는 뜻은 아니다. 우리가 평소에 일부러 간소하게 먹는 습관을 기르면 특별한 날에는 특별한 음식으로 기쁨이 배가하는 것을 경험할 수 있다. 우리가 보통은 디저트를 먹지 않기 때문에 생일에 케이크를 먹을 때면 그날이 특별하게 빛난다. 우리가 간단한 음식—콩과 밥, 채소 스튜, 수프와 빵—을 많이 먹기 때문에 맛있는 쇠고기 스튜는 특별 음식이 될 수 있는 것이다. 이런 식으로 생각하면 우리는 해방감을 느낄 수 있다. 이제는 식사를 할 때마다 축제처럼 먹어야 한다는 강박관념에서 벗어날 수 있고, 특별한 행사를 위해 창조적인 요리솜씨를 마음껏 발휘할 수 있게 된다.[6]

감사와 더불어 천천히 먹는 미덕의 개발도 즐겁게 먹는 식사에 꼭 필요하다. 우리의 음식 문화는 그 무엇보다도 속도를 중요시한다. 이제껏 내가 다른 더 "중요한" 일로 되돌아가려고 얼마나 많은 식사를 서둘러 해치웠는지 도무지 셀 수가 없을 정도다. 정신없이 살던 대학 시절에는 학교 식당의 식사를 건너뛰거나 강의 사이에 요거트로 끼니를 때우는 것을 기특한 짓으로 생각했다. 디저트마저 급하게 먹었다! 그러나 서둘러 음식을 먹으면 즐겁게 먹기가 쉽지 않은 법이다. 음식은 하나님의 은혜로운 손길에서 오는 맛있는 양식이란 의식을 개발하기가 어렵기 때문이다. 그 음식이 우리에게 오는 단계마다 발휘된 배려와 창의력을 존중하지 않는 식습관이다. 요리사들은 사람들이 만찬 석상에서 음식을 지나치게 빨리 먹어치운다고 자주 불평한다. 심지어는 추수감사절에도 그렇다고 한다. ("아니, 모든 사람이 15분 내에 식사를 끝낼 것이라면 굳이 맛있는 음식을 요리하려고 신경 쓸 필요가 있는가?") 속도를 늦추고 음식과 그것을 만든 사람들, 그리고 함께 먹는 이들에게 주의를 기울이며 먹게 되면 밥상의 즐거움이 배가하고 우리 모두를 먹이시는 하나님의 손길에 더욱 감사하게 된다.[17]

즐겁게 먹는 법에 대한 이 모든 제안은 공동체 안에서 가장 잘 실천할 수 있다. 하지만 이것이 언제나 쉬운 일은 아니다. 식습관을 바꾸도록 배우자나 자녀를 설득하는 일은 결코 쉽지 않다. 그러나 내가 이 책에서 줄곧 강조했듯 먹는 행위는 무척 사회적인 행위다. 다른 사람들과 함께 먹는 시간을 확보하는 일이 중요하다는 것은 아무리 강조해도 지나치지 않다. 내가 체중감량 프로그램에 대해 많이 비판했음에도 불구하고, 사람들을 그룹으로 나눠서 공동의 목표를 추구하는 일은 지혜로운 방법이다. 하지만 내가 염두에 두고 있는 것은 함께하는 다이어트가 아니다. 오히려 슬로푸드 파티 같은 것을 생각하고 있다. 간소한 음식을 함께 즐기고 싶은 사람들이 정기적으로 모이는 회합이다. 내가 방문했던 시카고의 한 메노나이트 교회는 주일 예배 후에 수프와 빵을 다 함께 먹었다. 수프와 빵의 종류는 바뀌지만 간소하게 먹기 위해 메뉴는 언제나 수프와 빵이었다. 함께하는 식사가 사람들의 건강에 좋다는 것은 이미 입증된 사실이다. 식욕도 자연스럽게 조절해 준다. 그런 식사는 또한 우리가 공유한 인간성을 인정하고 하나님의 선물을 구체적으로 즐기는 상호교제의 기회이기도 하다. 하나님께 감사하는 태도로 다함께 먹는 것, 이 두 개념이 바로 즐겁게 먹는 행위의 핵심이다.

구속적 움직임과 상징적 행동

나는 이처럼 높은 이상과 열망을 품고 하나님 앞에서 즐겁게 먹으며 이웃을 사랑하고자 노력하지만, 때로는 "완벽한" 모습과는 거리가 먼 나 자신을 발견한다. 때로는 문을 박차고 나가면서 급하게 만든 샌드위치를 먹다보니 맛을 음미하기는커녕 하나님께 감사하는 것도 잊어버린다. 때로는 친구들과 식당에서 먹기도 하고, 나의 신념에 동의하지 않는 사람의 집에서 음식을 먹기도 한다. 어떤 경우에는 사람들이 우리 아이들에게 내가 싫어하는 간식을 준다. 이런 상황에 처하면 나는 어떻게 대처하는가? 그런 상황이 즐겁게 먹는 삶과 조화를 이룰 수 있을까?

나는 누군가 내게 대접하는 음식을 판단하지 않으려고 최선을 다한다.[8] 지난 몇 년 동안 주로 음식에 관한 글을 써왔지만 나는 무엇보다도 그리스도인이다. 그래서 음식을 하나님의 사랑의 통로로, 그리고 하나님과 이웃을 사랑하는 수단으로 생각하는 만큼 "올바른" 음식을 선택하는 일은 하나님께 감사하고 이웃에게 친절한 것보다 훨씬 덜 중요하다고 본다. 나의 신념과 맞지 않는다고 사랑의 손길로 내 앞에 차려진 음식을 거부하는 것은 실로 부적절한 처신일 것이다. 아주 똑같은 경우는 아니지만, 이방인과 함께 먹는 일이 베드로의 뿌리깊은 문화적 신념과는 상반될지라도 복음과 교제를 위해 그렇게 하라고 촉구한 바울의 권고를 생각해보라. 존 에드워즈는 일본에서 선교사로 여러 해 사역한 내 친구인데, 그는 어떤 미국인 인턴들이 장기적으로 일본사역을 감당할 수 있을지 금방 알아챌 수 있다고 한다. 바로 일본인 주인이 베푼 이상한 음식을 아주 기꺼이 먹어보려고 하는 자들이라고. 음식 취향이 주인을 모욕하거나 교제를 방해해도 좋을 만큼 타당한 이유가 되는 경우는 무척 드물다는 것을 유념하라. 윤리적인 근거를 가진 경우도 마찬가지다.

아울러 우리 중에 모든 것을 언제나 완벽하게 처리하는 사람은 없다는 사실도 유념할 필요가 있다. 이 사실을 직시하면 아예 시도조차 하고 싶지 않은 마음이 생길 것이다. 우리 엄마는 새로운 아이디어에 꽂히면 완전 빠져드는 열정적인 사람이다. 언젠가 설탕을 "영원히" 포기하기로 결심하고 집안에서 케첩과 우스터소스 등 설탕이 들어 있는 것을 모조리 내버린 적이 있다. 얼마 지나지 않아 어머니는 욕구불만이 심해졌고 한밤중에 뛰쳐나가시더니 아이스크림을 사서 한 통을 퍼드시기도 했다. 엄마는 또 한번은 마이클 폴란의 책을 읽고 나서 "진정한 음식"을 먹어야 한다는 강박관념에 사로잡히고 말았다. 하지만 진정한 음식을 가리느라 너무 신경쓴 나머지 제대로 먹지 못하다가 결국은 학교 행사 때에 핫도그를 몇 개씩이나 게걸스레 드셨단다. (환경에 전혀 영향을 주지 않는 것과 같은) 극단적 식습관은 선전하긴 좋을지 몰라도 실행에 옮기기는 어려운 법이다. 환경에 작은 영향을 주는 소비 패턴으로 돌아가는 것도 일부 장소의 일부 사람에겐 가능할지 몰라도 많은 사람은 그만한 시간과 노력을 기울일 수 없다.

그러나 완벽하지 못하다고 해서 좋은 것을 포기할 필요는 없다. 신약학자 윌리엄 웹은 지나치게 단순한 성경 적용에 도전하는 책에서 하나님의 명령들―레위기의 정결법과 바울 서신들에 나오는 구체적인 처방 일부도 포함해서―이 반드시 하나님이 품은 현실 세계의 "이상"을 대변하는 것은 아니라고 지적한다.[9] 오히려 하나님은 사람들이 처한 때와 장소에서 시작하여 그들을 조금씩 하나님의 이상에 가까워지도록 인도하신다. 이를 **구속적인** 움직임이라 부를 수 있다. 강간범은 피해자와 결혼해야 한다는 법이 우리에겐 터무니없고 잔인하게 보일지라도, 고대 근동 문화에서는 타당한 것이었고 실은 구속적 성격을 지니고 있었다. 강간 피해자는 당시의 문화에서 그 누구의 구혼도 받을 수 없었기에 살인 피해자보다 더 가련한 신세가 됐기 때문이다. 우리가 현재 갖고 있는 성경의 구체적인("표면적인") 의미가 반드시 모든 시대를 향한 하나님의 완전한 뜻("하늘에서 이뤄진 것처럼")을 대변하는 건 아니라고 웹은 말한다. 북아메리카 그리스도인 남성은 보통 "거룩한 입맞춤"으로 서로 인사하지 않는다. 그런 인사가 당시의 문화적 맥락에서는 적절했지만 우리의 문화에서는 그렇지 않다. 우리에게는 사람들에게 따뜻한 환영을 표현하는 다른 방법이 많다.

이 점과 즐겁게 먹는 법과의 관계는 무척 단순하다. 당신이 모든 일에 완벽하게 처신하는 것은 불가능하다는 사실을 그냥 받아들이는 것이 최선이다. "완벽함"을 겨냥하는 것이 욕구불만에 대한 처방이다(전 7장). 당신이 있는 곳에서 시작하여 구속적으로 움직이는 것을 목표로 삼는 것이 최선이다. 당신의 가족은 다함께 식사를 하지 않는 편인가? 그렇다면 날마다 모든 식사를 다함께 해야 한다고 갑자기 선포하지 말라. 그 대신 천천히, 점진적으로 좀더 자주 식사를 함께하는 방향으로 움직이라. 혹시 요리한 적이 전혀 없는가? 배달 전단지를 모조리 내버리지 말고, 요리책들도 갖다 버리지 말라. 먼저 일주일에 한 두 끼씩 요리하기 시작해 가장 적합한 목표를 향해 조금씩 움직이라. 지역의 유기농 농산물을 구입하기가 경제적으로 조금 벅차다면, 일주일에 한 끼만 그런 농산물을 구입하기로 계획하고 한 걸음씩 나아가라. 당신이 현재 처한 곳에서 시작하라. 실행해보라.

도리스 롱에이커는 자신의 요리책 첫머리에 이렇게 썼다.

> 우리는 인간의 상처를 다루는 그리스도인으로서 성공으로 부름받은 게 아니라 신실하도록 부름받았음을 거듭 상기해야 한다. 우리의 우선적 지침은 효과가 있을 듯한 것이 아니라 예수님이 명하신 생활방식에서 나온다.[10]

누군가 이런 반론을 제기할지도 모른다. 만일 식품 선택이 윤리적으로 중요하고, 만일 그 선택이 사람과 동물이 취급받는 방식에 영향을 미치고, 만일 하나님께도 중요하다면, 점진적인 단계들이 어떻게 변화를 초래할 수 있겠는가? 오히려 우리가 전면적 혁신을 추진해야 하지 않을까? 그런데 전면적 혁신을 추진한다 해도, 한 가족의 선택이 세계적 규모에 비춰보면 무슨 중요성이 있을까?

개인들이 점진적으로 변화하기만 해도 식문화 전체를 서서히 바꿀 수 있다. 아무리 작은 선택이라도 당신이 내리는 선택의 결과를 과소평가하지 말라. 당신이 즐겁게 먹기 위해 내린 선택이 상징적 행동에 불과할지라도 여전히 추구할 만한 가치가 있다. 오래 전에 내가 즐겁게 먹는 쪽으로 방향을 전환했던 당시 밴쿠버의 리젠트 칼리지에서 예전에 더럼의 주교였던 N. T. 라이트의 강의를 들은 적이 있다. 나는 세계적인 식량 문제를 어떻게 다뤄야 할지 고심하면서 이런 의문을 던지던 중이었다. 너무나 많은 사람이 깨끗한 물도 없는데 내가 커피 같은 "사치품"을 구입하는 게 잘못은 아닌가? 내가 육류 소비—그리고 전반적인 소비—를 줄이면 과연 다른 곳에 사는 다른 사람들의 삶이 더 좋아질까? 혹시 이것은 그저 내 기분을 더 좋게 만드는 것이 아닐까?

그때 라이트는 이런 말을 했다.

작지만 의미심장한 상징적 행동을 얕보지 말라. 우리는 아직도 "당신이 모든 것을 바꿀 수 없다면 시도할 만한 가치가 없다"고 말하는 근대주의적 꿈 안에 살고 있다. 그것이 예수님이 행한 일은 아니다. 예수님은 작지만 의미심장한 상징적 행동들을 취하셨다. 그 각각에는 하나님 나라의 뜻이 가득 실려 있었다. 하나님은 당신이 [모든 것을] 하룻밤에 재편하기를 원치 않으실 것이다. 그 나라를 위해 상징을 만드는 사람이 되고 이야기꾼이 되는 법을 배우라. 당신의 예배와 당신의 청지기직과 당신의 대인관계에서 진정한 인간이 되는 법을 배우라. 세상에 대한 교회의 과업은 진정한 인간성을 하나의 표지로, 하나의 초대장으로 보여주는 것이다.[11]

그러므로 당신이 모든 시스템을 바꿀 수 없다면 무엇이든 할 만한 가치가 없다는 사고방식을 버려라. 당신으로선 최선을 다해 즐겁게 먹는 방향으로 구속적으로 움직이는 것이 전부일 수도 있다. 이는 평화와 정의와 진미가 가득한 하나님의 나라에 대해 증언하는 그런 식생활을 말한다.

지금과 다른 음식 문화를 만드는 일은 하룻밤에 이뤄지지 않는다. 그것은 인간은 더욱 인간답게, 동물과 식물은 더욱 그들답게, 하나님은 우리의 재배와 창조활동과 나눔을 더욱 기뻐할 수 있는 기쁨과 건강과 번영과 맛이 함께하는 음식 문화를 만드는 것을 말한다. 이는 진정 어린양의 만찬을 실현하는 일이다.

이 일은 조금씩 일어나게끔 돼 있다. "오늘 우리에게 일용할 양식을 주시고…"

그러니 자, 이제 가서 즐겁게 드시길!

식사 기도

모든 피조물에게 양식을 주시는 복되신 하나님,
우리 마음을 기쁨과 즐거움으로 채워주시고
우리 주 예수 그리스도 안에서
온갖 선한 일을 풍성히 행하는 자들이 되게 하소서.
예수님과 함께, 그리고 성령과 함께
당신에게 영광과 존귀와 능력이 돌아가게 하소서.
유일하신 하나님께 기도합니다. 지금과 영원히. 아멘
―이집트 수도원의 축복 기도를 각색한 것

주 예수님, 우리의 거룩한 손님이 되소서.
우리의 아침의 기쁨, 우리의 저녁의 안식이 되소서.
우리의 일용할 양식으로 모든 가슴에
당신의 사랑과 평안을 나눠주소서. 아멘.

토론하기

1. 자신의 식습관에 대해 판단을 받은 적이 있나요?

2. "영양에 의한 영양 과학의 문제는 **영양을 식품의 맥락에서 분리시키고, 식품을 식생활의 맥락에서 분리시키고, 식생활을 생활방식의 맥락에서 분리시킨다는 점**"이라는 매리언 네슬레의 말을 이 책이 주장하는 즐겁게 먹는 삶의 개념에 비추어 이야기 나눠보세요.

3. 음식을 제한하면 어떤 문제가 일어날까요?

4. 우리 문화에서는 풍부함을 "지나치게 많은" 것으로 생각합니다. 그래서 저자는 음식에 대한 축제적 접근을 권유하고 우리가 좋아하는 재료를 "서서히" 늘려가는 방법을 제안하고 있습니다. 이런 접근은 다이어트 중심의 의식구조와 어떻게 다른가요?

5. 이 장에서 논의하는 구속적 움직임에 대해 얘기해봅시다. 지금 나의 삶에 적용할 수 있는 것은 무엇인가요?

6. "'올바른' 음식을 선택하는 일은 하나님께 감사하고 이웃에게 친절한 것보다 훨씬 덜 중요하다"는 저자의 말은 당신의 관점과 비슷한가요, 다른가요?

7. "작은 상징적 행동"이 중요하다고 생각합니까? 그 이유는 무엇인가요?

8. 다른 사람들이 구속적으로 먹는 삶을 살도록 어떻게 도우시겠습니까?

*제안: 책읽기모임에서 이 책을 함께 읽고 있다면 책걸이로 다함께 식사할 계획을 세워보세요. 또는 두세 달 뒤에 다시 만나 식사하면서 그동안 실천한 것을 함께 나눠도 좋습니다.

푸드 스타일리스트 메이의 행복 레시피

쫄면과 콩나물 냉국

풍성한 야채와 과일, 아삭아삭, 새콤달콤, 쫄깃쫄깃, 여름에 빠질 수 없는 음식, 쫄면. 다양한 재료만큼 풍성한 맛이 더 맛있는 식탁을 만들어줄 것 같습니다. 콩나물을 비린내 풋내 없이 잘 삶아 시원하게 곁들여보세요.

재료: 쫄면사리, 양배추, 콩나물, 샐러드용 어린잎, 오이, 사과, 삶은 달걀
양념장: 고추장 3큰술, 고춧가루 1작은술, 설탕 1큰술, 물엿 2큰술, 식초 2큰술, 간장 1큰술, 케첩 1큰술

1. 야채를 깨끗이 씻은 후, 먹기 좋은 크기로 썰어주세요.
2. 양념장 재료를 모두 넣고 섞어주세요.
3. 달걀은 삶고, 면은 삶은 후 깨끗이 씻어 물기를 빼고 완성 접시에 재료를 모두 얹어 내면 됩니다.

재료: 콩나물 한줌, 물 4컵(800ml), 국간장 1큰술, 다진마늘 1작은술, 쫑쫑 썬 파

1. 다시마와 멸치, 무 등으로 육수를 냅니다.
2. 1의 육수에 콩나물과 다진 마늘을 넣고 끓인 뒤 국간장으로 간을 맞춰주세요.
3. 냉장고에서 차갑게 식힌 뒤, 드실 때 쫑쫑 썬 파를 올려주세요.

메이's 꿀팁! 콩나물국을 끓일 때 콩나물을 넉넉하게 넣었다가 건져서 쫄면에 넣으면 편해요.

하나님이여, 우리가 서로 사랑하지 않으면 당신을 사랑할 수 없습니다.
그리고 서로 사랑하려면 떡을 떼는 중에 서로를 알아야 합니다.
제자들이 그리스도의 부활 후 그분을 알았듯이.
여기 이 밥상에 앉은 우리는 홀로 있지 않습니다.
우리가 서로 함께 있을 때 당신이 우리와 함께 있습니다.
천국은 곧 잔치이고, 우리의 인생도 잔치입니다.
다함께 메마른 빵 한 조각만 나누어도 잔치입니다.
사랑은 공동체와 함께 옵니다.
이 음식을 축복하소서.
우리가 서로 사랑할 때, 그리고 우리가 당신을 사랑할 때
우리를 축복하소서. 아멘.
―도로시 데이의 기도문을 레이첼 스톤이 각색한 것

함께 읽을 만한 책

식품 정의

『노동의 배신』 바버라 에런라이크, 최희봉 옮김, 부키, 2012

『식품정치』 매리언 네슬, 김정희 옮김, 고려대학교 출판부, 2011

함께하는 식사

『가족식사의 힘』 미리엄 와이스타인, 김승환 옮김, 한스미디어, 2006

지속 가능한 식사

『그리스도인은 왜 아무거나 먹을까』 프레드 반슨, 노먼 워즈바, 홍성사, 2015

『소농, 문명의 뿌리』 웬델 베리, 이승렬 옮김, 한티재, 2016

『자연과 함께한 1년』 바버라 킹솔버, 스티븐 L. 호프, 카밀 킹솔버, 정병선 옮김, 한겨레출판, 2009

『잡식동물의 딜레마』 마이클 폴란, 조윤정 옮김, 다른세상, 2008

창조적인 식사

『미각의 지배』 존 앨런, 윤태경 옮김, 미디어윌, 2013

『셰프의 탄생』 마이클 룰먼, 정현선 옮김, 푸른숲, 2013

『음식과 요리』 해롤드 맥기, 이희건 옮김, 백년후, 2011

감사의 글

뉴욕 브루클린에서 유치원에 다닐 때 읽고 쓰는 법을 가르쳤던 샬럿 리치 선생님 덕분에 나는 글을 좋아하게 됐다. 그리고 나를 격려하고 가르친 여러 선생님께 감사드리고, 특히 데니스 헤이든, 로즐리 뱅크로프트, 브라이언 토우즈, 알렌 프랜츤, 고(故) 사무엘 수께 고마움을 전하고 싶다. 플로이드 메모리얼 도서관의 사서들도 나의 신실한 선생님들이었다. 내가 자료를 수집하느라 수없이 상호대출을 신청하고 한없이 프린터를 써도 인내해준 여러분께 감사드린다.

    출판의 여정은 우여곡절이 많은 편인데 그동안 나를 도와준 많은 분들께 감사를 표한다. 매체에 발표된 나의 첫 글들을 다듬어준 켄드라 랭던 저스커스와 러스티 프리차드, 《크리스채너티 투데이》의 여성 블로그에서 나를 환영해준 사라 풀리암 베일리와 케이틀린 비티를 비롯한 많은 사람들에게 감사한다. 베다니하우스의 앤디 맥과이어는 이 프로젝트에 열정을 표명하며 내게 블로그를 시작하라고 조언했다(나는 그의 말대로 했다. 고마워요, 앤디!). 파운드리 미디어의 크리스 곽과 에이미 줄리아 베커는 IVP의 알 수와 연결시켜 주었는데, 알은 모든 면에서 은혜와 지혜와 유머가 넘치는 사람이었다. 이 프로젝트에 딱 맞는 편집인이다. 마음과 영혼, 지성과 힘을 다해 하나님을 사랑하는 IVP 팀과 함께 일한 것은 나에게 영광이다.

이 여정에서 나와 함께해주고 통찰력을 제공한 친구들에게 고마움을 전하고 싶다. 크리스틴 이건과 마리에타 라이벤굿은 최종 원고 상태로 많은 분량을 읽어주었고 아드리엘 드라이버는 초기의 원고를 읽어주었다. 우리 교회의 "이야기 그룹"에 속한 다니엘 마타바와 니키 윌킨스는 몇 번에 걸쳐 내가 말하는 내용에 귀를 기울여주었다. 동료 작가인 엘렌 페인터 달러는 날카로운 통찰을 제공하고 따스한 우정을 베풀어줬다. 마가렛 킴 피터슨과 아미 프릭홀름은 책이 만들어지는 과정 중 조금 늦게 만났음에도 지혜와 영감과 우정의 원천이 되었다.

내 가족이 없었다면 이 책은 세상에 나올 수 없었을 것이다. 나의 대모 샤리 프랑코와 그의 딸 새라 구티에레즈는 나와 함께 수없이 많은 식사와 게임과 대화를 나눴다. 한결같이 나를 격려해준 그들에게 감사하다. 그분들과 도나 할머니를 위해 이 책을 썼다고 해도 과언이 아니다. 우리 모두는 한편으론 칼로리 걱정을 하면서 도나와 함께 초콜릿 케이크를 먹곤 했다. 할머니는 물론 우리도 우리를 먹이시는 하나님의 놀라운 은혜 안에 편히 쉬기를 간절히 빈다.

우리 아빠 톰 라모데는 한밤중 간식 시간이면 언제나 일어나는 분이다. 아빠의 아일랜드식 자녀양육이 없었다면 나는 힘들 때마다 모든 걸 포기했을 것이다. 엄마 자넷은 내가 글을 쓰는 동안 우리 아들들을 잘 돌봐주셨고 무엇보다 내 신실한 친구가 되어주셨다. 부모님이 내게 베풀어준 은혜에 정말 감사드린다.

사랑하는 아들 에이단과 그레이엄, 우리가 다함께 앉아 밥을 먹을 때, 그리고 너희가 무슨 생각을 하는지 들려줄 때 엄마는 가장 마음이 편해. 하나님께서 내 몸에서 너희를 나게 하시는 광경을 보며 엄마는 치유를 경험하고 온전해졌단다. 엄마가 컴퓨터 앞에서 오랜 시간을 보낼 때 너희가 (대체로) 참고 견뎌주어서 고마워.

팀, 그대가 없이는 이 책이 결코 빛을 보지 못했을 거예요. 당신의 사랑 덕분에 내가 나 자신과 세상과 우리 하나님께 마음을 열 수 있었어요. 당신은 나의 운명.

주

머리말. 먹는다는 것, 참으로 골치 아픈 문제

1. Lynne Gerber, *Seeking the Straight and Narrow* (Chicago: University of Chicago Press, 2012), p. 192.
2. 거버의 책에 대한 나의 비평은 The Christian Century (September, 2012) 에 실려 있다.
3. Lyn-Genet Recitas의 "The Plan" diet, profiled in *More* magazine, http://more.com/weight-loss-diet-recitas를 보라.
4. Jamie Oliver, *Jamie's Food Revolution* (New York: Hyperion, 2009), and Alice Waters, *The Art of Simple Food* (New York: Clarkson Potter, 2007).
5. 특히 다음 책들을 보라. Michael Pollan, *In Defense of Food* (New York: Penguin, 2009); Mark Bittman, *Food Matters Cookbook* (New York: Simon & Schuster, 2010); and Barbara Kingsolver with Stephen Hopp and Camille Kingsolver, *Animal, Vegetable, Miracle* (New York: Harper Perennial, 2008). 『자연과 함께한 1년』(한겨레출판).
6. 두 권 모두 여전히 읽을 만한 뛰어난 자료다.

7. 슬로푸드 운동은 로마의 가장 역사적인 광장들에 맥도날드가 생긴 것을 보고 이탈리아인 카를로 페트리니가 시작한 운동이다. 그의 책, *Slow Food Nation: Why Our Food Should Be Clean, Good, and Fair* (New York: Rizzoli Ex Libris, 2007)은 읽을 만한 책이다.
8. Victor Hugo, *Les Miserables*, a Novel, trans. Charles Edwin Wilbur (New York: Carleton Publishers, 1863), p. 8. 『레 미제라블』. Caroline Walker Bynum's seminal work *Holy Feast and Holy Fast: The Religious Significance of Food to Medieval Women, The New Historicism: Studies in Cultural Poetics* (Berkeley: University of California Press, 1988)도 참고하라.

1장. 즐거운 밥상

1. 이와 관련하여 시편 104편은 의미심장하다. 핵심은 하나님이 만물을 먹이신다는 것.
2. 토라와 탈무드를 포함한 종교적 텍스트를 주로 공부하는 유대인 학교.
3. Lisa Velthouse, *Craving Grace* (Carol Stream, IL: Tyndale House, 2011), p. 18.
4. Phyllis Trible, *God and the Rhetoric of Sexuality* (Philadelphia: Fortress Press, 1978), p. 18.
5. Albert Y. Hsu는 다음 책에서 먹는 것과 교제에 관한 신학자 Robert Webber의 통찰에 대해 논한다. *Single at the Crossroads: A Fresh Perspective on Christian Singleness* (Downers Grove, IL: InterVarsity Press, 1997), p. 132.
6. Judi Barrett and Ron Barrett (illustrator), *Cloudy with a Chance of Meatballs* (New York: Simon & Schuster, 1978). 『하늘에서 음식이 내린다면』(토토북). 이 책은 정말 재미있고, 영화보다 훨씬 낫다!
7. "Eyeful of breast-feeding mom sparks outrage," *Associated Press* July

27, 2006, http://msnbc.msn.com/id/14065706/ns/health-womens_health.
8. 나는 다음 글에서 젖 먹이는 인형이 외설스럽다는 비난에 대해 그 인형을 변호하는 입장을 표명했다. "What's the Big Deal About Baby Gloton?" https://catapultmagazine.com/babies-everywhere/review/whats-the-bigdeal-about-bebe-gloton, 그리고 한 여성이 젖을 먹인다는 이유로 교회에서 쫓겨났다는 얘기를 듣고 Christianity Today 여성 블로그에 그 글을 다시 실었다. http://blog.christianitytoday.com/women/2012/03/the_best_place_to_breastfeed_i.html.
9. 아기가 젖을 빨면 엄마 몸이 신경 전달물질인 옥시토신을 분비하는데, 이는 "사랑의 호르몬"이란 별명을 가진 물질로서 배려와 신뢰, 친밀함과 관대함의 감정을 증진시키는 역할을 한다.
10. 분유가 기형 가슴, 입양, 에이즈 등 여러 경우에 매우 소중하고 유용하게 쓰이는 것은 사실이다. 그러나 가능하면 모유 수유를 하도록 권할 만한 타당한 이유도 많다. 개발도상국에서 여성에게 가장 안전하고 가장 건강하고 가장 감당할 만한 방법이란 점이 한 가지 이유다. 내 블로그 포스트를 보라. http://eatwithjoy.org/2011/08/08/breastfeeding-and-justice.
11. 이 은유가 무조건적 사랑을 제대로 하지 못한(못하는) 엄마와의 관계가 복잡한 사람들에게는 공감을 얻기 힘들다는 점을 나도 알고 있다. 마치 하나님을 아버지로 상상하는 일이 육신의 아버지와 좋지 않은 관계를 맺고 있는 사람들에게 어려운 것과 같다. 하지만 내가 염두에 두고 있는 것은 무조건적 사랑이 있는 이상적인 관계다.
12. 연민(compassion)을 뜻하는 히브리어 단어가 자궁을 가리키는 히브리어 단어와 연관이 있다는 사실은 연민이 일종의 "자궁 통증", 곧 부드러운 모성의 연장선상에 있음을 암시한다. 하지만 어떤 히브리어 학자들은 이런 해석을 싫어한다. T Phyllis Trible, *God and the Rhetoric of Sexuality* (Philadelphia: Fortress Press, 1978), p. 33.
13. Wendell Berry, "The Pleasures of Eating." http://ecoliteracy.org/

essays/pleasures-eating에서 전문을 읽을 수 있다. Norman Wirzba, ed., *The Art of the Commonplace: The Agrarian Essays of Wendell Berry* (Berkeley, Calif.: Counterpoint, 2002)도 참조하라.

14. 나는 여기서 '성례전적'이란 단어를 "내적이고 영적인 은혜의 외적이고 물리적 징표"라는 뜻으로 사용한다. 요한복음 6장에서 예수님이 주님의 만찬을 지키는 관습을 수립하고 있는지 여부에 대해서는 논란이 있는데, 나는 그 논란에 뛰어들 생각이 없다. 다만 우리의 모든 식사를, 우리가 내적으로/영적으로 그리스도께 의존해 있다는 사실의 외적/물리적 징표로 봐도 무방하다고 말하고 싶을 뿐이다.

15. Norman Wirzba와 함께 나눈 대화가 《크리스채너티 투데이》 여성 블로그에 실려 있다. http://blog.christianitytoday.com/women/2011/09/inviting_christ_to_the_dinner.html.

16. 그 시편의 다음 구절들이 양식/지혜의 모티브를 부각시키고 있'다는 점을 주목하라. "진실이 땅에서 돋아나고, 정의는 하늘에서 굽어본다. 주님께서 좋은 것을 내려 주시니, 우리의 땅은 열매를 맺는다." (시 85:11-12, 새번역)

17. "Babette's Feast," *Anecdotes of Destiny and Ehrengard* (New York: Vintage International Paperbacks, 1993). 이 작품을 쓴 덴마크 여류소설가 Isak Dinesen(본명 Karen Blixen)이 거식증으로 죽었을 것이란 추정은 그 훌륭한 작품과 아름다운 영화에 비춰보면 참으로 아이러니하다.

18. Ellyn Satter, *Secrets of Feeding a Healthy Family* (Madison, WI: Kelcy Press, 1999), p. 13, 강조체는 원문의 것.

19. Sydney Spiesel, "The Skinny on Kids' Diets," Slate, December 19, 2006, http://slate.com/articles/health_and_science/medical_examiner/2006/12/the_skinny_on_kids_diets.html. C. M. Davis, "Results of the Self-selection of Diets by Young Children," Canadian Medical Association Journal 41 (1939): 257-61도 보라.

20. Satter, *Secrets of Feeding a Healthy Family*, p. 7.

21. Richard Bauckham, *The Bible and Ecology* (Waco, TX: Baylor

University Press, 2010), p. 73.
22. "Commentary on Acts 16:25-34: Dangerous Joy," Third Way Magazine, September 2006, p. 20.
23. Anne Lamott, *Bird by Bird: Some Instructions on Writing and Life* (New York: Anchor Books, 1994), p. 179. 『앤 라모트의 유쾌하고 다정한 글쓰기 수업』(웅진윙스).
24. C. S. Lewis의 뛰어나고 짧은 에세이 "First and Second Things" in *God in the Dock* (Grand Rapids: Eerdmans, 1970). 『피고석의 하나님』(홍성사).
25. Michael Pollan, *The Omnivore's Dilemma* (New York: Penguin, 2006), p. 3. 『잡식동물의 딜레마』(다른세상); P. Rozin, C. Fischler, S. Imada, A. Sarubin and A. Wzesmiewski, "Attitudes to Food and the Role of Food in Life in the U.S.A., Japan, Flemish Belgium and France: Possible Implications for the Diet-Health Debate," *Appetite* 33, no. 2 (October 1999): 163-80.

2장. 나눔과 섬김의 밥상

1. Stephen H. Webb, *Good Eating* (Grand Rapids: Brazos, 2001).
2. *Deus Caritas Est* §22.
3. Kevin DeYoung and Greg Gilbert, *What Is the Mission of the Church?* (Wheaton, IL: Crossway Books, 2011). 《Relevant》에 실린 리뷰도 보라. http://relevantmagazine.com/culture/books/reviews/27314-review-what-is-the-mission-of-the-church.
4. Christopher Hays, "Provision for the Poor and the Mission of the Church: Ancient Appeals and Contemporary Viability," presented at the *2011 Prestige FOCUS Conference on Mission and Ethics* at the University of Pretoria, South Africa. 크리스는 신약성경의 부(富)의 윤

리를 연구해 박사학위를 받은 후 현재 British Academy Postdoctoral Fellow로 있는 학자로서 장차 제3세계에서 교수로 활동할 계획을 갖고 있다.

5. Marilynne Robinson, "The Fate of Ideas: Moses," in *When I Was a Child I Read Books* (New York: Farrar, Straus & Giroux, 2012).
6. 아우구스투스 글룹은 로알드 달의 『찰리와 초콜릿 공장』(시공주니어)에 나오는 욕심 많은 인물로 그의 허리띠가 윙카 공장에서 초콜릿 도관을 막아버리고 만다.
7. Pam Belluck, "Obesity Rates Hit Plateau in U.S., Data Suggest," *New York Times*, January 13, 2010.
8. 곳곳에 나오는 내용이다. 내가 좋아하는 책 중에는 다음 저서에 나온다. Michael Pollan's In Defense of Food (New York: Penguin, 2010), p. 112.
9. Eric Jaffe, "Word to Your Mother," http://psychologicalscience.org/index.php/publications/observer/2010/july-august-10/word-to-yourmother.html.
10. Simon Langley-Evans, *Nutrition: A Lifespan Approach* (Ames, IA: Wiley-Blackwell, 2009), p. 66.
11. *Michele Simon's Appetite for Profit: How the Food Industry Undermines Our Health and How to Fight Back* (New York: Nation Books, 2006) 등을 보라.
12. Mary Story and Simone French, "Food Advertising and Marketing Directed at Children and Adolescents in the United States," *International Journal of Behavioral Nutrition and Physical Activity* 1 (2004): 3을 보라.
13. Kelly Brownell, *Food Fight: The Inside Story of the Food Industry, America's Obesity Crisis, and What We Can Do About It* (New York: McGraw-Hill, 2004).
14. 이것이 많은 사람이 체중 문제로 고민하는 한 가지 이유다. 우리가 먹는

식품은 중독성과 많은 칼로리를 함유하도록 고안된 것이다. 케슬러가 쓴 『과식의 종말』은 읽을 만한 책이다. 그는 식품 산업이 어떻게 이런 맛을 이용하여 "중독에 빠질 수밖에 없는" 식품, 즉 과식해서 중독에 빠지지 않는 것이 거의 불가능한 식품을 만드는지에 대해 길게 얘기한다.
15. N. D. Volkow et al., "'Nonhedonic' Food Motivation in Humans Involves Dopamine in the Dorsal Striatum, and Methylphenidate Amplifies This Effect," *Synapse* 44, no. 3 (June 2002): 175-80.
16. A. Drewnowski, M. Maillot and N. Darmon, "Testing Nutrient Profile Models in Relation to Energy Density and Energy Cost," *European Journal of Clinical Nutrition* (February 20, 2008).
17. A. Drewnowski and S. E. Specter, "Poverty and Obesity: The Role of Energy Density and Energy Costs," *American Journal of Clinical Nutrition* 79, no. 1 (January 2004): 6-16.
18. John Cawley and Chad Meyerhoefer, "The Medical Care Costs of Obesity," *National Bureau of Economic Research Working Paper* No. 16467 (October 2010).
19. 그의 본명이 아니다.
20. Staffan Lindeberg, *Food and Western Disease: Health and Nutrition from an Evolutionary Perspective* (Ames, IA: Wiley-Blackwell, 2010). 내가 파리에 사는 친구를 방문해 한 달을 지내는 동안 파리의 슈퍼마켓들에도 포장된 정크푸드가 굉장히 많은 것을 주목하지 않을 수 없었다. 프랑스를 비롯한 모든 나라에서 비만율과 다이어트 관련 질병이 증가추세에 있다.
21. Peter Menzel and Faith D'Aluzio, *Hungry Planet: What the World Eats* (Napa, CA: Material World, 2005).
22. 어떤 사람들은 예수가 프랑스 사제의 이름이라고 생각한다. "Coca-Cola is more popular than Jesus," http://withinreachglobal.org/field-blog/dj/01-16-11/coca-cola-more-popular-jesus를 보라.
23. 나는 많은 책을 통해 이런 현실을 알게 됐다. 그 가운데 두 권이 특별히

눈에 띤다. 첫째는 Brian Wansink가 쓴 *Mindless Eating: Why We Eat More Than We Think* (New York: Bantam, 2010)이다. 완싱크는 코넬 대학교의 Cornell Food and Brand Lab의 대표다. 그는 수많은 기발하고 흥미로운 연구를 통해 분량과 색채, 다양성과 접시 크기와 같은 것들이 사람들로 하여금 자기도 모르는 사이에 더 많이 먹게 만든다는 사실을 증명한 사람이다. 예일 대학교 교수이자 동 대학 러드 식품 정책과 비만 센터의 대표인 Kelly Brownell은 다음 책에서 미국의 "유독한 식품 환경"—완싱크가 주목한 것과 똑같은 성향을 이용하고 과학자들이 동의하는 타고난 취향에 편승하는 식품 산업이 만든—이 무모하게 국민 건강을 위태롭게 한 책임이 있다고 주장했다. Katherine Battle Horgen과 함께 쓴 *Food Fight* (Chicago: Contemporary Books, 2004)을 보라.

24. Michael Pollan, *The Omnivore's Dilemma* (New York: Penguin Books, 2006).

25. 나는 Fast Food Nation을 Eric Schlosser의 훌륭한 책 (New York: Harper Perennial, 2005)을 어설프게 각색한 영화로 보는 대다수 영화평론가들의 의견에 동의한다. 그럼에도 불구하고, 나는 사람들에게 슐로서의 책을 읽도록 촉구하면서도 바빠서 400페이지나 되는 무거운 책을 읽기보다는 1시간 45분짜리 영화를 보는 편이 훨씬 현실적이라는 것을 알고 있다. 뿐만 아니라, 영화에 나오는 충격적이고 거슬리는 영상들이 우리의 상상력에 현실을 어느 정도 각인시켜주는 역할을 한다고 생각한다.

26. Blood, Sweat, and Fear, Human Rights Watch (2005), www.hrw.org/en/reports/2005/01/24/blood-sweat-and-fear.

27. Upton Sinclair, *The Jungle*. 만일 당신의 자녀가 이 책을 학교에서 읽는다면, 학생들과 선생들에게 오늘날 고기를 포장하는 일꾼들의 상황에 대해 성찰하도록 권유하라.

28. PBS American Experience 다큐멘터리 "Triangle Fire"는 어떻게 트라이앵글 비극이 국민의 관심을 사로잡아 곧바로 연방 고용법을 통과시키고 노동자의 권리를 신장했는지 보여준다. 나의 배경을 말하자면, 나의 여자 조상들(아일랜드인, 프랑스-캐나다인, 동유럽 유태인)은 트라이앵글

셔츠웨이스트 여공들처럼 공장에서 일했었다. 나는 하나님이 가난한 이 민자에게 깊은 사랑과 관심을 품고 있다는 확신과 함께 그들의 이야기와 유산이 분명히 노동자의 권리에 대한 나의 인식과 관심을 형성했다고 생각한다.

29. 국제인권감시기구의 보고서 Blood, Sweat, and Fear는 Fast Food Nation에 담긴 에릭 슐로서의 뛰어난 보고서를 상기시킨다.
30. Blood, Sweat, and Fear, p. 46.
31. 앞의 책, p. 52.
32. Cynthia Kadohata, *Kira-Kira* (New York: Simon & Schuster, 2004). Newbery Medal은 매년 미국 어린이 문학에 가장 크게 기여한 작가에게 수여된다. 많은 뉴베리 소설들이 그렇듯이 『키라 키라』도 모든 연령층에 감동을 주는 작품이다. PBS의 Expose 시리즈가 제작한 다큐멘터리 20,000 Cuts a Day는 Kira-Kira와 비슷한 얘기를 들려준다. http://pbs.org/wnet/expose/2008/06/304-index.html.
33. http://companypay.com/executive/compensation/tyson-foods-inc.asp?yr=2007.
34. Tracie McMillan, *The American Way of Eating* (New York: Scribner, 2012), p. 29.
35. Susie Shellenberger, *Secret Power to Faith, Family and Getting a Guy* (Grand Rapids: Zondervan, 2006); Jackie Kendall and Debbie Jones, *Lady in Waiting: Becoming God's Best While Waiting for Mr. Right* (Shippensburg, PA: Destiny Image Publishers, 1995).
36. 나는 남편인 Timothy J. Stone 에게 많은 빚을 졌는데, 그의 뛰어난 연구와 통찰은 다음 글에 요약돼 있다. "Six Measures of Barley," presented at the *2010 meeting of the Society of Biblical Literature* in Atlanta.
37. Marilynne Robinson, "Open Thy Hand Wide," in *When I Was A Child I Read Books*, p. 77.
38. 이보다 더 공손한 용어는 정식서류가 없는 노동자다. 보아스는 법적 요건에 따라 룻을 배제시킬 수 있었지만 그녀를 최대한 가까이 포용했다

는 점을 내가 부각시키는 중이다.
39. Bread for the World의 블로그(blog.bread.org)는 전세계적인 기아 정치의 현황을 알려주는 좋은 출처다. 그리고 Change.org에 멤버로 가입하면 농장 노동자의 공정한 임금, 책임 있는 사업상 관행 등 중요한 이슈들에 대해 직접 청원을 하거나 다른 사람의 청원을 계속 접할 수 있다.
40. www.huffingtonpost.com/shane-claiborne/practicing-resurrectiont_b_1443621.html?ref=food&ir=Food.
41. Wendell Berry, "Mad Farmer Liberation Front," from *The Country of Marriage* (New York: Harcourt Brace Jovanovich, 1973).
42. Sara Miles의 책 *Take This Bread* (New York: Ballantine Books, 2008)의 일부 내용은 그녀가 속한 교회의 사역에 관한 것이다.
43. 나는 코카콜라 재단의 "깨끗한 물" 프로젝트를 알고 있다. 그래도 나의 논점은 여전히 타당하다고 생각한다. 나도 이따금 탄산음료를 즐길 테지만, 콜라 같은 "액체 캔디"를 생산하는 데 소비되는 에너지와 물의 양은 수많은 사람이 깨끗한 식수를 구하기 힘든 현실을 생각하면 도무지 정당화할 수 없는 낭비라고 생각한다.
44. Janet Morley, "Christian Aid," *Harvest for the World: A Worship Anthology on Sharing in the Work of Creation* (Cleveland: Pilgrim Press, 2003), p. 149.
45. Huron Hunger Fund, Anglican Church of Canada, in *Blessed Be Our Table*, ed. Neil Paynter (Glasgow: Wild Goos Publications, 2003).
46. Nicaraguan Prayer and Armenian Prayer found in *Blessed Be Our Table*.

3장. 함께하는 밥상

1. Richard Wrangham, *Catching Fire: How Cooking Made Us Human* (New York: Basic Books, 2010).

2. Diane Ackerman, "The Social Sense," in *Food and Faith*, ed. Michael Schut (New York: Morehouse Publishing, 2002).
3. Abraham Rosman, Paula G. Rubel and Maxine Weisgrau, *The Tapestry of Culture: An Introduction to Cultural Anthropology*, 9th ed. (Lanham, MD: Altamira Press, 2009), p. 8.
4. Craig Blomberg, *Contagious Holiness: Jesus' Meals with Sinners, New Studies in Biblical Theology* (Downers Grove, IL: IVP Academic, 2005).
5. David Seccombe, quoted in Blomberg, *Contagious Holiness*, p. 19.
6. Quoted in Marilynne Robinson, *When I Was a Child I Read Books* (New York: Farrar, Straus & Giroux, 2012), pp. 82-83.
7. Philip Yancey, *What's So Amazing About Grace?* (Grand Rapids: Zondervan, 2002), p. 148. 『놀라운 하나님의 은혜』(IVP).
8. Christine D. Pohl, *Making Room* (Grand Rapids: Eerdmans, 1999), pp. 5, 32. 『인생을 충만하게 채우는 여백 만들기』(CUP).
9. 앞의 책, p. 36.
10. 앞의 책, p. 74.
11. "Portrait of the Meal-for-One Society," January 30, 2004, http://news.bbc.co.uk /2/hi/uk_news/magazine/3445091.stm.
12. ChildTrendsDatabase.org, "The More We Eat Together: State Data on Frequency of Family Meals."
13. Edith Schaeffer, *The Tapestry* (Waco, TX: Word Books, 1984).
14. Nora Ephron, in *The Family Dinner* by Laurie David with Kirstin Uhrenholdt (New York: Grand Central Life & Style, 2010).
15. Pohl, *Making Room*, p. 73.
16. Jodi Kantor, *The Obamas* (New York: Hachette Books, 2012).
17. Robert Farrar Capon, *Between Noon and Three: Romance, Law, and the Outrage of Grace* (Grand Rapids: Eerdmans, 1997).

4장. 회복이 있는 밥상

1. Lauren Greenfield, *Thin* (San Francisco: Chronicle Books, 2006), introduction by Joan Jacobs Brumberg.
2. 앞의 책, p. 71.
3. 앞의 책, pp. 81, 83.
4. 앞의 책, p. 40.
5. 앞의 책, p. 48.
6. Shelly Guillory, "Shelly Speaks," http://mamavision.com/2009/08/08/shelly-from-thin-documentary-five-years-later.
7. "Polly Williams of HBOs Thin Found Dead," www.accesshollywood.com/Polly-Williams-Of-HBOs-Thin-Found-Dead_article_8390.
8. Shelly Guillory와 이메일을 주고받을 수 있었던 것이 감사하다. Thin에 나오는 다른 여성들의 답장은 받지 못했지만 그들에게 경의를 표하고 계속 치유되길 바란다.
9. Hilda Bruch, *The Golden Cage: The Enigma of Anorexia Nervosa* (Cambridge, MA: Harvard University Press, 2001).
10. Harriet Brown과 Lynne Gerber는 제각기 다음 책에서 앤셀 키즈의 실험에 대해 얘기한다. Harriet Brown, *Brave Girl Eating: A Family's Struggle with Anorexia* (New York: William Morrow, 2010); Lynne Gerber, *Seeking the Straight and Narrow* (Chicago: University of Chicago Press, 2012). 요약판은 다음 저널을 참고하라. *Journal of Nutrition* 135, no. 6 (June 1, 2005): 1347-52 online at http://jn.nutrition.org/content/135/6/1347.full.
11. Brown, *Brave Girl Eating*, p. 83.
12. Laura Collins, *Eating with Your Anorexic: How My Child Recovered Through Family-Based Treatment and Yours Can Too* (New York: McGraw-Hill, 2005), p. 160.
13. Brown, *Brave Girl Eating*, p. 71.
14. Gerard Manley Hopkins, "The Kingfisher": "The just man justices /

Keeps grace: that keeps all his goings graces." www.poetryfoundation.
org/poem/173654 (in the public domain).
15. Eric Stice at http://time.com/time/nation/article/0,8599,2025345,00
.html#ixzz1ByKJIYWO.
16. Anne Lamott, *Bird by Bird* (New York: Anchor Books, 2004), p. 170.
17. www.people.com/people/archive/article/0,,20150380,00.html을 보라.

5장. 지속 가능한 밥상
1. 우리가 방문한 아름다운 호수 이름은 Arch Lake, Little Arch Lake, Upper Arch Lake다.
2. Gerard Manley Hopkins, "God's Grandeur" (1877; in the public domain).
3. Nancy Pearcey and Charles B. Thaxton, *The Soul of Science: Christian Faith and Natural Philosophy* (Wheaton, IL: Crossway Books, 1994), p. 35. 『과학의 영혼』(SFC출판부). 피어시는 이름을 붙인다는 것은 정복했다는 뜻이라고 주장한다. 그러나 Richard Bauckham은 다음 책에서 그 히브리어를 이런 식으로 이해할 "타당한 이유가 없다"고 말한다. *The Bible and Ecology: Rediscovering the Community of Creation* (Waco, TX: Baylor University Press, 2010),
4. Fred Bahnson과 Norman Wirzba가 쓴 *Making Peace with the Land* (Downers Grove, IL: InterVarsity Press, 2012)의 서문. 『그리스도인은 왜 아무거나 먹을까』(홍성사).
5. Marilynne Robinson, "The Human Spirit and the Good Society," in *When I Was a Child I Read Books* (New York: Farrar, Strauss & Giroux, 2012), p. 162.
6. Marilynne Robinson, "The Fate of Ideas: Moses," in *When I Was a Child I Read Books*, p. 106.

7. United Methodist Hymnal no. 227, www.hymnary.org/hymn/UMH/227.
8. 나는 특히 Sufjan Stevens의 음반 Songs for Christmas에 실린 이 노래를 좋아한다.
9. Thomas of Celano, *First Life of Saint Francis*, nos. 58-60, 80-81.
10. 시편 8편은 인간을 천사보다 조금 낮고 동물보다 높은 존재로 묘사한다.
11. Bauckham, *Bible and Ecology*, pp. 145, 147.
12. Bill McKibben, *The Comforting Whirlwind* (New York: Cowley Publications, 2005). 그의 책 *The End of Nature* (New York: Random House, 2006)도 보라.
13. Bauckham calls Job 38-39 "strong medicine" against human arrogance, in *Bible and Ecology*, p. 37.
14. Daniel Block, in *Keeping God's Earth*, ed. Daniel Block & Noah J. Toly (Downers Grove, IL: InterVarsity Press, 2010), pp. 126-32.
15. Robinson, *When I Was a Child I Read Books*.
16. Bauckham, in *Bible and Ecology*, p. 175.
17. Richard Stearns, *The Hole in Our Gospel* (Nashville: Thomas Nelson, 2009), p. 69.
18. Michael Pollan, "Farmer in Chief," *New York Times*, October 10, 2009.
19. Carolyn Dimitri, Anne Effland and Neilson Conklin, "Environmental Protection Agency Agriculture 101 fact sheet—Demographics," http://epa.gov/oecaagct/ag101/demographics.html, and "The 20th Century Transformation of U.S. Agriculture and Farm Policy," *Electronic Information Bulletin* Number 3, June 2005, http://ers.usda.gov/publications/eib3/eib3.htm.
20. R. Das, A. Steege, S. Baron, J. Beckman and R. Harrison, "Pesticide-Related Illness Among Migrant Farm Workers in the United States,"*International Journal of Occupational and Environmental Health* 7, no. 4 (October-December 2001): 303-12; P. K. Mills and R. C. Yang, "Agricultural Exposures and Gastric Cancer Risk in Hispanic

Farm Workers in California," in *Environmental Resesearch* 104, no. 2 (June 2007): 282-89; Occupational Health Branch, California Department of Health Services, Oakland, USA.
21. Michael Pollan, "What's Eating America?" *Smithsonian* (June 15, 2006)www.michaelpollan.com; 프란츠 하버의 일대기를 Chemical Heritage Foundation 홈페이지에서 볼 수 있다. http://chemheritage.org/discover/chemistry-in-history/themes/early-chemistry-and-gases/haber.aspx.
22. See http://ers.usda.gov/Data/BiotechCrops/ExtentofAdoptionTable1.htm.
23. The Future of Food, directed by Deborah Koons Garcia (2004).
24. Gregory Johanssen, "When Genetically Modified Crops Go Wild," http://environmentalgraffiti.com/plants/news-first-genetically-modified-crop-found-wild.
25. Greenpeace,"Golden Rice: All Glitter, No Gold" (March 16, 2005), http://greenpeace.org/international/en/news/features/failures-ofgolden-rice, and "Golden Rice a Distraction to Solving Vitamin A Deficiency" (November 9, 2010), www.greenpeace.org/seasia/news/Golden-Rice-a-distraction-to-solving-Vitamin-A-deficiency.
26. "Monsanto Donates Corn and Vegetable Seeds to Haiti," Monsanto.com (2010); Beverly Bell, "Haitian Farmers Commit to Burning Monsanto Hybrid Seeds," May 18, 2010, www.truth-out.org/haitian-farmerscommit-burning-monsanto-hybrid-seeds59616.
27. Christos Vasilikiotis, "Can Organic Farming 'Feed the World'?" www.cnr.berkeley.edu/~christos/articles/cv_organic_farming.html.
28. The claim is that labeling GM crops may create unnecessary fears, e.g., C. A. Carter and G. P. Gruere, "Mandatory Labeling of Genetically Modified Foods: Does It Really Provide Consumer Choice?" *AgBioForum* 6, no. 18 (2003): www.agbioforum.org/.

29. 유전자조작식품에 대한 찬반양론에 관한 폭넓은 개관은 다음 사이트에 있다. www.csa.com/discoveryguides/gmfood/overview.php.
30. Eric Schlosser, *Fast Food Nation* (New York: Houghton Mifflin, 2001).
31. Documentary film Future of Food.
32. Ken Midkiff, *The Meat You Eat: How Corporate Farming Has Endangered America's Food Supply* (New York: St. Martin's Griffin, 2005), p. 2.
33. 마이클 폴란은 *The Omnivore's Dilemma*의 후속편인 *In Defense of Food* (New York: Penguin, 2009)에서 이렇게 주장한다. "당신의 건강은 당신의 몸과 접해 있지 않고, 토양에 좋은 것은 아마 당신에게도 좋을 것이다"(p. 169).
34. John H. Vandermeer, *The Ecology of Agroecosystems* (Sudbury, MA: Jones and Bartlett, 2011), pp. 4-8.
35. Block, *Keeping God's Earth*, p. 116.
36. 앞의 책, p. 122.
37. "Saving Species," Planet Earth: The Future, produced by Fergus Beeley (2006).
38. "Planting Trees of Peace," www.greenbeltmovement.org/a.php?id=90.
39. Barbara Kingsolver, with Steven Hopp and Camille Kingsolver, *Animal, Vegetable, Miracle* (New York: Harper Perennial, 2008), pp. 54-57.
40. 나는 성경 해석과 적용의 세계를 항해하는 데 윌리엄 웹의 "구속적 운동" 해석학에서 많은 도움을 받았다. 그의 책 *Slaves, Women and Homosexuals* (Downers Grove, IL: IVP Academic, 2001)와 *Moving Beyond the Bible to Theology*에 실린 그의 글이 이 개념을 잘 설명해준다. 성경에 나오는 하나님의 규범이 모든 시대의 모든 사람을 향한 하나님의 이상(理想)을 대변한다고 항상 생각하면 안 된다고 그는 주장한다. 오히려 특정한 맥락에 속한 특정한 사람들에 대한 그분의 사역을 대변한다고 한다. 예컨대, "거룩한 입맞춤으로 서로 문안하라"는 교훈이 문자

적으로 적용되면 북아메리카의 많은 남성은 무척 불편하게 느낄 것이다. 이 불편한 느낌은 그 교훈의 의도와 상반되는 것이다.

41. Stephen H. Webb, *Good Eating* (Grand Rapids: Brazos, 2001), p. 226.
42. John Robbins가 쓴 유명한 책 *Diet for a New America* (Novato, CA: New World Library, 1987). 『육식, 건강을 망치고 세상을 망친다』(아름드리미디어)와 Jonathan Safran Foer의 *Eating Animals* (New York: Little, Brown & Company, 2009). 『동물을 먹는 것에 대하여』(민음사)도 읽을 만하다.
43. Kendra Langdon Juskus, "A Call to Compassion from Our Brothers the Animals," Prism (July/August 2011), pp. 19-22.
44. Bauckham, *Bible and Ecology*, p. 136.
45. Block, *Keeping God's Earth*, p. 135.
46. Bauckham's translation, *Bible and Ecology*, p. 138.
47. Block, *Keeping God's Earth*, p. 137.
48. 앞의 책, p. 139.
49. Wendell Berry, *The Gift of Good Land* (New York: North Point Press,1982), p. 279.

6장. 창조적인 밥상

1. Jean Anthelme Brillat-Savarin, T*he Physiology of Taste: Or Meditations on Transcendental Gastronomy*, trans. M. F. K. Fisher (Washington, DC: Counterpoint, 1949), p. 158.
2. Amy Tan, *The Joy Luck Club* (New York: Penguin Books, 1996), p. 178. 『조이럭 클럽』(문학사상사).
3. John S. Allen, *The Omnivorous Mind: Our Evolving Relationship with Food* (Cambridge, MA: Harvard University Press, 2012), p. 3. 『미각의 지배』(미디어윌).

4. Harvey Levenstein, *Paradox of Plenty: A Social History of Eating in Modern America, California Studies in Food and Culture* (Berkeley: University of California Press, 2003), p. 116.
5. Lysa TerKeurst, *Made to Crave: Satisfying Your Deepest Desires with God, Not Food* (Grand Rapids: Zondervan, 2010). 『하나님 그만 먹고 싶어요』(Korea.com).
6. Andrew F. Smith, *Eating History: Thirty Turning Points in the Making of American Cuisine* (New York: Columbia University Press, 2009), p. 32.
7. Francis Sizer and Ellie Whitney, *Nutrition: Concepts and Controversies*, 11th ed. (Belmont, CA: Thomson, 2008), p. 13.
8. Robert Farrar Capon, *Supper of the Lamb: A Culinary Reflection* (New York: Modern Library, 2002), p. 20.
9. 앞의 책, p. 21.
10. North Fork Table의 요리사 Hayden과 Fleming이 29세와 30세의 젊은 나이에 세계적 권위의 레스토랑 가이드북인 Zagat Survey에서 수여하는 상을 받게 된 것을 계기로 그들과 인터뷰할 기회를 얻었던 것이 무척 감사하다. 우리가 나눈 대화의 일부는 우리 지역 신문인 The Suffolk Times (May 20, 2011)에 실렸다.
11. Capon, *Supper of the Lamb*, p. 19.
12. 앞의 책, p. 4.
13. Dorothy Sayers, *The Mind of the Maker* (New York: Continuum, 2005), p. 129. 『창조자의 정신』(IVP).
14. "당신의 대리인 직분에서 이처럼 창조행위에서 이탈하는 것들['가정'의 느낌을 깨뜨리는 편의 식품들]을 얼마나 많이 허용하고 있는지 스스로 자문해보라…버거킹은 당신이 흉내낼 만한 왕좌를 갖고 있지 않다" (Robert Farrar Capon, Capon on Cooking [Boston: Houghton Mifflin, 1983]).
15. 예를 들어 Mihaly Csikszentmihalyi, *Creativity: Flow and the Psychology*

of Discovery and Invention (New York: HarperCollins, 1996)를 보라. 『창의성의 즐거움』(더난출판사).

16. PBS 다큐멘터리 The Persuaders는 이런 연상 작용—어쩌면 특히 터무니없는 것이라도—이 어떻게 갈망을 유발하고 판매를 증진시키는지 설명해준다. Directed by Barak Goodman and Rachel Dretzin, aired Nov. 9, 2003. WGBH Educational Foundation.
17. Barbara Kingsolver, with Steven L. Hopp and Camille Kingsolver, *Animal, Vegetable, Miracle* (New York: HarperCollins, 2007), pp. 31-32.
18. Kingsolver, radio interview with Krista Tippett, "The Ethics of Eating," American Public Radio's Speaking of Faith/On Being, July 15, 2010.
19. G. K. Chesterton, *Orthodoxy* (Chicago: Moody Publishers, 2009), p. 64. 『정통』(아바서원 출간 예정).
20. Julia Child, *Julia's Kitchen Wisdom: Essential Techniques and Recipes from a Lifetime of Cooking* (New York: Borzoi Books, 2000), p. 3.
21. Capon, *Capon on Cooking*, p. 172.
22. Capon, *Supper of the Lamb*, p. 40.

7장. 구속적인 밥상

1. Marion Nestle, quoted in Michael Pollan, *In Defense of Food: An Eater's Manifesto* (New York: Penguin, 2008), p. 62.
2. Malcolm Gladwell, "The Roseto Mystery," in *Outliers: The Story of Success* (New York: Little, Brown & Company, 2008), pp. 3-11. 『아웃라이어』(김영사).
3. "Inviting Christ to the Dinner Table," Her.meneutics blog, blog.christianitytoday.com/women/2011/09/inviting_Christ_to_the_dinner.html.

4. Lynne Gerber, *Seeking the Straight and Narrow*: Weight Loss and Sexual Reorientation in Evangelical America (Chicago: University of Chicago Press, 2012), p. 141.
5. Wendell Berry, "Think Little," in *The Art of the Commonplace: The Agrarian Essays of Wendell Berry*, ed. Norman Wirzba (Berkeley, CA: Counterpoint, 2002), p. 88.
6. Margaret Kim Peterson, *Keeping House: The Litany of Everyday Life* (San Francisco: Jossey-Bass, 2007), p. 110을 보라.
7. 오감을 통해 하나님과 창조세계의 경이로움을 경험하는 일에 집중하는 훈련에 관해서는 다음 책을 참고하라. J. Brent Bill and Beth Booram, *Awaken Your Senses* (Downers Grove, IL: IVP Books, 2012), pp. 22-57.
8. 내가 《크리스채너티 투데이》의 여성 블로그 Her.meneutics에 싣기 위해 Norman Wirzba와 인터뷰를 할 때 그녀가 이 개념을 멋지게 설명해주어 그녀에게 감사드리고 싶다.
9. William J. Webb, Slaves, *Women and Homosexuals* (Downers Grove, IL: IVP Academic, 2001).
10. Doris Janzen Longacre, *More-with-Less* (Newton, KS: Herald Press, 1976), p. 23.
11. Transcribed from N. T. Wright, "God's Light in the Post-Post Enlightenment World," *Christian Hope in a Postmodern World* (Vancouver, BC: Regent Audio, 2002), disc 3. 이 내용은 다음 책에도 거의 그대로 나온다. N. T. Wright, *The Challenge of Jesus* (Downers Grove, IL: InterVarsity Press, 1999), p. 188. 『JESUS 코드』(한국성서유니온).

아바서원에서 펴낸 책들을 소개합니다

협동조합 아바서원은 살아있는 책을 만듭니다.

창조주 하나님의 손길을 경험하며

일하는 이들의 삶이 꽃피는

성경적 경제 공동체를 심고 있습니다.

읽는 이들과 함께하는 책의 집을 짓고 있습니다.

| 마음이 따뜻해지는 책들 |

딸아, 너는 나의 보석이란다
세리 로즈 셰퍼드 지음 | 나명화 옮김 | 양장 192쪽 | 12,000원

하나님이 보석처럼 귀한 딸에게 보내는 사랑과 위로의 편지

왕 되신 하나님이 이 땅을 살아가는 보석처럼 귀한 딸들에게 사랑과 위로의 메시지를 보내신다. 화려해 보이는 겉모습 뒤에 어린 시절 부모의 반복되는 이혼과 재혼, 우울과 폭식, 약물과 알코올 중독으로 고통스런 나날을 보냈던 저자는 무너진 가정의 아픔과 과거로부터 자유해지기 위한 싸움의 의미를 잘 안다. 그런 그녀가 여리고 연약한 여성들에게 하나님의 보내시는 따뜻한 위로와 응원의 메시지를 전한다.

단 한 번의 여행
서진 지음 | 272쪽 | 13,800원

인생은 하나님 안에서 나를 찾아 떠나는 단 한 번의 여행이다

여기 상처 받고 아팠던 한 여자가 있다. 그녀의 이야기가 있다. 자신의 삶을 그대로 녹여낸 자전적 이야기이며 그 과정에서 삶의 의미와 방향을 알기 위해 몸부림친 일기다. 이 서투른 몸부림은 흔들리고 방황하며 길 위에 있는 이들을 위한 여행안내서다.

인생은 아름다워
이기섭 지음 | 이현숙 그림 | 296쪽 | 13,500원

『그 청년 바보의사』 이기섭 작가가 인생이라는 학교에서 배운 삶의 지혜

사랑, 연애, 결혼, 출산, 자녀양육이 얼마나 우주적이면서도 섬세한 드라마인가! 지친 인생에 힘이 되는 이야기들을 감동적이면서도 유머러스하게 담았다. 위로와 격려의 파노라마를 읽다 보면, 어느덧 내게 아름다운 인생을 허락하신 하나님의 은혜에 감사하게 된다. 감동 있는 글과 함께 예쁜 그림이 어우러져 있다.

행복한 부부를 만드는 6가지 사랑의 약속
폴 트립 지음 | 김명희 옮김 | 360쪽 | 16,000원

결혼은 하나님이 우리를 그분의 모습으로 빚어가는 데 사용하시는 중요한 도구다.

불완전한 동시에 죄인인 두 사람이 만나 행복한 결혼생활을 꿈꾼다. 하지만 이내 눈부셨던 로맨스는 빛이 바래고 서로를 향한 관심은 시들해진다. 하지만 그 자리에 사랑보다 더 찬란하고 견고한 것이 있다. 하나님이 준비하신 은혜의 자리로 나가면 결혼생활의 모든 것이 새로워진다. 폴 트립은 하나님이 설계하시고 그분의 은혜로만 가능한 결혼생활의 매일의 습관이 될, 매일의 약속을 제시한다.

| 그리스도인의 일상생활에 도움을 주는 책들 |

주일 신앙이 평일로 이어질 때

톰 넬슨 지음 | 홍병룡 옮김 | 280쪽 | 13,000원

성경의 눈으로 우리의 일을 고찰할 뿐만 아니라, 하나님께서 우리의 일을 통해 우리의 삶을 어떻게 빚어내시는지를 탁월하게 서술한다. 대부분의 그리스도인이 처해있는 잘못된 직업관과 일터에 대한 관점에서 돌아서서, 우리의 일을 통해 소명을 완성케 하시는 비전을 보게 한다.

돈과 섹스

폴 트립 지음 | 이지혜 옮김 | 304쪽 | 13,000원

단순히 돈과 섹스를 억눌러야 할 죄로 여기고, 피상적이며 금욕적인 임시방편을 제시하여 더 큰 패배감만 안겨주는 실용서가 아니다. 오히려 돈과 섹스가 근본적으로 어떤 성격을 가지며, 왜 우리가 그 유혹에 잘 빠지고 헤어 나오기 어려운지 등 여러 근본적인 질문에 대답하고 근본적인 대안을 제시한다.

일과 창조의 영성 행동하는 삶과 생각하는 삶의 이중주

파커 파머 지음 | 홍병룡 옮김 | 288쪽 | 15,000원

생각하는 삶과 행동하는 삶은 서로 다투어야만 하는가? 대부분의 경건한 사람들은 관조적인 삶에 비해 활동적인 삶을 약간 열등하게 본다. 그러나 현실에 기반을 두고 세상 가운데서 매우 중요한 역할을 감당하는 활동가들이 있다. 저자는 관조하는 삶과 활동하는 삶은 서로 다툴 필요가 없으며, 양자가 다투는 한 우리 내면에서는 싸움이 그치지 않을 것임을 오랜 경험을 토대로 이야기한다. 세속사회에서 예수의 길을 걷는 사람들의 역설적 삶을 보여주는 책이다.

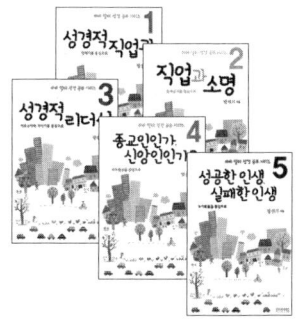

아바 일터 성경공부 시리즈

방선기 지음 | 각권 3,500원

성경은 영생을 위한 진리는 물론 우리 삶에 필요한 모든 원리를 다 가르친다. 일터에서 그리스도인으로 살아가면서 겪는 문제들에 대한 하나님의 뜻과 해결책도 성경에 있다. 직장 사역의 선구자 방선기 목사는 이 교재에 수십 년의 직장 사역에서 얻은 통찰과 깊이, 연륜을 담아냈으며 교재를 펴내기 전에 먼저 그리스도인 기업인들과 함께 공부하면서 다양한 직업 현장에 적용 가능하도록 만들었다.

1권 성경적 직업관: 창세기를 중심으로 | 2권 직업과 소명: 출애굽기를 중심으로
3권 성경적 리더십: 여호수아와 사사기를 중심으로 | 4권 성공한 인생, 실패한 인생: 누가복음을 중심으로 | 5권 종교인인가, 신앙인인가?: 사무엘상을 중심으로

| ABBA CHRISTIAN LIFE SERIES |

기독교 신학 대가들의 삶과 사상 속으로 들어가
현대 그리스도인의 삶에 필요한 지혜를 제시합니다.

본회퍼가 말하는 그리스도인의 삶
스티븐 니콜스 지음 | 김광남 옮김 | 290쪽 | 13,000원

저자는 39세의 젊은 나이에 순교했으나 오늘날 가장 영향력 있고 도전적인 신학자로 인정받고 있는 본회퍼의 삶과 사상 속으로 들어가 오늘을 사는 그리스도인에게 필요한 삶의 지혜를 캐낸다. 본회퍼의 삶과 신학의 핵심내용을 명료하고 흥미로우면서도 감동적으로 잘 소개할 뿐 아니라 십자가로부터 형성되는 그리스도인의 삶을 살도록 독자에게 격려하고 또 도전한다.

쉐퍼가 말하는 그리스도인의 삶
윌리엄 에드거 지음 | 김광남 옮김 | 292쪽 | 12,000원

이 책은 누구보다 열정적인 삶을 살았던 이 시대의 예언자로 평가받고 있는 쉐퍼의 삶과 사상 속으로 들어가 그간 거의 다뤄진 적이 없는 쉐퍼의 영성에 관해 깊이 있게 분석한다. 저자는 쉐퍼를 가까이 그리고 개인적으로 잘 알았기에 누구보다 그의 삶의 측면들을 진솔하게 써나갈 수 있었다. 익히 누구나 들어 안다고 생각했지만 깊이 알지는 못했던 쉐퍼의 삶과 고뇌, 진리에 대한 열정, 탐구, 사랑을 그의 친구를 통해서 들을 수 있다.

웨슬리가 말하는 그리스도인의 삶
프레스 샌더스 지음 | 이근수 옮김 | 392쪽 | 16,000원

이 책은 현대 복음주의의 발전과 부흥에서 역사적 중요성을 차지하는 웨슬리의 삶과 사상 속으로 들어가 오늘을 사는 그리스도인의 삶에 필요한 지혜를 도출한다. 저자가 감리교 창시자인 웨슬리의 심장박동을 느낄 수 있도록 생생하게 그를 묘사할 뿐 아니라 독자로 하여금 쉽게 그의 사상을 이해할 수 있도록 돕는 훌륭한 웨슬리 입문서이다.

칼뱅이 말하는 그리스도인의 삶
마이클 호튼 지음 | 김광남 옮김 | 424쪽 | 17,000원

우리 시대 뛰어난 개혁주의 신학자 마이클 호튼이 생생한 필체로 그려내는 칼뱅의 경건 사상과 신학. 칼뱅의 신학사상에 대해 당시의 정황들을 명쾌한 원자료와 칼뱅 학자들의 연구물을 근거로 제시하면서 소상하게 밝혀주고, 칼뱅이 말하는 신앙과 실천, 교리와 삶을 모두 포괄적으로 다루는 탁월한 칼뱅 입문서이다.

| ABBA BIBLE STUDY SERIES |

주석과 성경사전, 강해 등 성경연구에 필요한 지혜와 지식을 제시합니다.

맥아더 성경주석
존 맥아더 지음 | 황영철 외 옮김 | 1,680쪽 | 60,000원
강해 설교의 대가로 평가받는 목사이자 신학자인 존 맥아더가 성경 전체를 일관된 시선과 깊이로 간결하고 명쾌하게 주석한다! 지도와 도표, 핵심 단어와 교리 정리, 연대표 등 풍부한 보조 자료를 수록하여 누구나 쉽게 성경을 이해하고 연구할 수 있다. 방대한 성경 연구에 경제적, 공간적, 시간적 제한을 느끼는 사람들에게 작은 신학교 역할을 해줄 것이다. 이제, 창세기부터 계시록까지 한 번에 한 구절씩 하나님의 진리가 명확하게 펼쳐진다!

로마서 주석
존 머리 지음 | 아바서원 번역팀 옮김 | 772쪽 | 28,000원
저자의 개혁주의 사상과 학문적 업적, 뛰어난 통찰이 고스란히 담긴 이 주석은 로마서의 저자, 목적, 내용, 배경 등을 명쾌하게 논의한 뒤에 그동안 학계에서 제기된 이슈들을 충분히 고려하며 텍스트를 상세히 주석하고 있다. 또한 성경 원어를 모르는 독자들을 배려하여 본문에서는 헬라어와 히브리어를 사용하지 않고 원어와 관련된 논의는 각주에서 다룬 것이 특징이다. 신학자와 신학도는 물론 목회자와 평신도까지 두루 활용할 수 있는 주석이다.

대화체 예레미야 강해 (특별보급판)
김광남 지음 | 302쪽 | 10,000원
작금의 한국교회에는 거짓 힐링을 전하는 이들이 판을 치고 있다. 마치 예레미야가 사역하던 때처럼, 한국 교회를 가슴으로 아파하는 땅콩 선생과, 그 옛날 매국노 소리를 들으면서까지 조국의 멸망을 예언해야 했던 예언자 예레미야가 만나 처음부터 흥미롭고 유머러스하면서도 진지하고 애잔하게 한국 교회가 걸어야 할 길을 밝혀준다. 대화체로 구성되어 있어 술술 읽히지만 결코 가볍지 않은 강해서다.

렉시오 디비나 거룩한 독서의 모든 것
제임스 윌호이트, 에반 하워드 지음 | 홍병룡 옮김 | 302쪽 | 10,000원
우리 믿음의 조상들이 개발한 '거룩한 독서'의 행습으로 초대한다!
많은 사람이 습관적으로 또는 의무적으로 성경을 읽지만 그 안에 계시는 하나님을 만나지 못한다. 성경은 하나님이 우리 한 사람 한 사람에게 보내신 연애편지다. 우리는 성경을 통해서만 생명과 진리, 변화, 기쁨을 발견할 수 있다. 스마트폰 시대에도 풍성한 삶에 이르는 길은 오직 한 권의 책, 성경에 있다.

밥상 정복 성경에서 찾은 일곱 가지 행복 식사 매뉴얼

초판 1쇄 인쇄 2016년 5월 13일
초판 1쇄 발행 2016년 5월 20일

지은이 레이첼 마리 스톤
옮긴이 홍병룡

펴낸이 홍병룡
만든이 최규식·정선숙·김미선

펴낸곳 협동조합 아바서원
등록 제 274251-0007344
주소 03452 서울특별시 은평구 중산로19길 19 2층
전화 02-388-7944 | 팩스 02-389-7944
이메일 abbabooks@hanmail.net

ⓒ 협동조합 아바서원, 2016

ISBN 979-11-85066-54-7

이 도서의 국립중앙도서관 출판예정도서목록(CIP)은 서지정보유통지원시스템 홈페이지 (http://seoji.nl.go.kr)와 국가자료공동목록시스템(http://www.nl.go.kr/kolisnet)에서 이용하실 수 있습니다. (CIP제어번호: CIP2016011902)

잘못 만들어진 책은 구입한 곳에서 교환해 드립니다.